사람의
생각법

일러두기

· 본문의 어법과 맞춤법은 국립국어원 표준국어대사전을 따르되 작가만의 어휘와 입말은 살렸습니다.

사람의 생각법

스스로 생각하지 않는 시대의
물음표 사용법

카피라이터 정철 지음

블랙피쉬

누가 물었다.

문명이 나를 침범하는 걸 어느 선까지 용인해야 할까요?

기억력과 계산력은 문명에게 양보한다.
상상력은 양보하지 않는다.

차 례

서문 / 왜 나는?_12

1 _____ 첫 질문

나를 바꾸고 싶다면?_18

2 _____ 상상력 백화점 순례기

상상력에 한계가 있을까?_23 • '같다'의 동의어는?_24 • 지하 주차장은 왜 어두울까?_25 • 문명이 나를 침범하는 걸 어느 선까지 용인해야 할까?_26 • 엘리베이터 닫힘 버튼, 눌러야 할까?_28 • 세상은 정말 불공평할까?_29 • 멸치와 고래는 친구가 될 수 있을까?_30 • 불가능은 정말 없을까?_31 • 나폴레옹만 틀렸을까?_32 • 직업병은 몹쓸 병일까?_35 • 나의 유효기간은?_37 •

소는 어떤 말의 준말일까?_38 • 시간을 돈으로 환산하여 지갑에 꽂아 준다면?_40 • 4월로 드릴까요, 5월로 드릴까요?_41 • 광어도 유언을 할까?_42 • 콜라버거는 왜 없을까?_43 • 사람들은 어떤 물건을 살까?_44 • 왜 우리는 3분에 집착할까?_45 • 고독과 고통은 통증이 같을까?_47 • 사람을 파는 가게는 왜 없을까?_48 • 에스컬레이터는 누가 처음 만들었을까?_50

3 ____ 엉뚱한 질문

왜 우리는 잠을 잘까?_54 • 손수건은 왜 손수건일까?_55 • 사람의 수명은 왜 늘었을까?_58 • 왜 자전거는 초보운전 딱지를 붙이지 않을까?_59 • 꿈, 이게 무슨 소리일까?_60 • 나는 직선인가 곡선인가?_62 • 비행기를 사고 싶은데 돈이 없다면?_63 • 스무고개 한번 할까?_64 • 날라리보다 잘 노는 18가지 방법은?_65 • 얼지 않는 물이 있을까?_70 • 당신의 국어는 안녕하신가?_71 • 없음이 만드는 문제가 있음이 만드는 문제보다 클까?_72 • 1%와 99%는 어떻게 다를까?_73 • 쥐가 고양이를 극복하려면?_74 • 몸은 취하더라도 말은 취하지 않을 수 없을까?_75 • 인간이 만들지 못하는 것이 있을까?_76 • 작은 집은 정말 작을까?_79 • 물이 이길까, 바람이 이길까?_80 • 울면 안 된다고 말하는 산타는 울지 않을까?_81 • 고개를 든 가로등을 보았는가?_83 • 책방 주인은 책을 알까?_84 • 1은 누구랑 친할까?_85 • 어디서부터가 하늘일까?_86

4 _____ 무허가 철학관 방문기

왜 무허가 철학관이죠?_91 • 나도 눈이 맑을 때가 있었을까?_93 • 나무가 좋아, 파도가 좋아?_94 • 나는 대화라는 걸 한 적이 있을까?_95 • 내 안에는 내가 몇 퍼센트 살고 있을까?_96 • 이혼하고 싶지?_98 • 집을 넓혀도 될까?_100 • 꿈 해몽할 수 있니?_101 • 눈이 둘인 이유는?_103 • 손금은 왜 손바닥에 붙어 있을까?_104 • 내가 가진 것 중에 버릴 것은 없을까?_105 • 빌릴 수도 훔칠 수도 없는 건 무엇일까?_107 • 두 번 산다면 어떻게 살래?_108 • 실수를 눈감아 주는 건 어떤 심리일까?_110 • 사랑과 우정의 공통점은?_111 • 왜 미운 놈 떡 하나 더 준다고 할까?_113 • 인간을 가장 잘 아는 비인간은 누구일까?_115 • 힘들 때 외우는 마법의 주문 같은 게 있을까?_116 • 선물은 어떻게 골라야 할까?_119 • 몸이 문제일까, 마음이 문제일까?_120 • 나쁜 소문은 왜 빨리 퍼질까?_121

5 _____ 위험한 질문

인류는 언제 멸망할까?_126 • 청년들은 언제쯤 내 집을 가질 수 있을까?_128 • 인간이 만든 식물이 있을까?_129 • 법은 사람이 만드는데 도덕과 윤리는 누가 만들까?_131 • 건전한 문화는 건전할까?_132 • 과연 만장일치라는 게 있을까?_133 • 연쇄 죽음을 목격한 적 있는가?_135 • 바보들은 돈을 어떻게 쓸까?_136 •

의사인가 무사인가?_137 • 밍크는 코트가 되고 악어는 가방이 되고 여우는 목도리가 되는데 사람은 뭐가 될까?_139 • 돈에 수명이 있을까?_140 • 사촌이 땅을 사면 왜 배가 아플까?_142 • 아저씨는 아저씨일까?_143 • 주사위를 던져 7이 나올 확률은?_144 • 문장1과 문장2의 차이는?_145 • 나의 뇌 구조는 어떻게 생겼을까?_146 • 알람이 울리기 전에 잠이 깬다면?_148 • 0대0으로 시작하는 경기가 있을까?_149 • 왜 당구장에서는 애국가를 부르지 않을까?_150 • 꼬리가 길면 누구에게 밟힐까?_151 • 담뱃갑엔 심장병 폐암 후두암 구강암 뇌졸중 치아변색 성기능장애 기형아출산 수명단축 같은 말이 눈에 잘 띄는 고딕체로 큼지막하게 적혀 있는데, 돈을 주고 이 모든 질병을 사는 사람이 있는 건 왜일까?_152

6 _____ 한여름 퇴근길 풍경화

사람도 풍경일까?_157 • 아프리카는 아프리카에만 있을까?_160 • 나는 나를 배신한 적 없을까?_161 • 이름은 어떻게 지어야 할까?_162 • 나는 누구에게 관대한기?_163 • 사람들은 왜 신호등 세 번째 색깔에 관심이 없을까?_164 • 질김은 어디에서 나올까?_165 • 최동원을 기억하는가?_168 • 나는 어떤 가면을 쓸까?_170 • 죽은 후를 걱정하는 동물이 또 있을까?_172 • 소주는 무슨 맛일까?_174 • 맛있다는 말은 맛있는 말일까?_175 • 새에게 잡아먹히지 않는 벌레가 있을까?_177 • 의학은 누가 만들었을까?_178 • 너, 쓰봉이 뭔지 아니?_179 • 전봇대에게 묻지 말아야 할 것은?_182 • 지능이 영리할까 본능이 영리할까?_183 • 기우제는 언제 지내야 할까?_184 • 계단 서른 개를 오르는 방법은?_185 • 손님인가 주인인가?_186

7 _____ 고요한 질문

나이 서른은 왜 슬플까?_192 • 반대쪽엔 뭐가 있을까?_195 • 김밥은 왜 김밥일까?_196 • 사랑이 뭐냐고 묻는다면?_197 • 가훈, 있는가?_199 • 세상에 칭찬만 받는 남자가 있을까?_201 • 가장 깊은 상처는 누가 줄까?_202 • 왜 꿈이 커야 할까?_203 • 내가 사는 건지 살아지는 건지 시들시들할 땐?_204 • 나무가 겨울을 준비할 때 나뭇잎은 무엇을 준비할까?_205 • 객석만 무대를 관람할까?_206 • 노인은 왜 지팡이를 컬까?_207 • 슬기로운 회사 생활을 하려면?_208 • 사랑과 집착의 차이는 무엇일까?_209 • 입만 말을 할까?_210 • 수학과 인문학은 어떻게 다를까?_211 • 어깨로 운 적이 있는가?_213 • 멸치 언어에 없는 말은 무엇일까?_214 • 나에게 가장 낮은 점수를 주는 사람은?_215 • 우연이 자라면 무엇이 될까?_216 • 후회의 반대말은 무엇일까?_217 • 불행한가?_218

8 _____ 비공인 선생님 접선기

선생님은 학교에 있을까?_223 • 젖은 재떨이에서 젖지 않은 꽁초를 발견하는 기쁨을 아십니까?_224 • 고기 좀 잡히십니까?_225 • 세상에서 가장 따뜻한 말은 무엇입니까?_226 • 그다음 따뜻한 말은 무엇입니까?_227 • 이 노래 아세요?_228 • 젊어 고생은 사서 하라는 말은 누가 했을까요?_229 • 괴벨스 아세요?_231 • 책은 책일까요?_233 • 지시와 의견은 어떻게 다를까요?_234 • 글을 잘 쓰는 비법 같은 게 있을까요?_236 • 영감은 떠오르는 것일까요?_237 • 글의 원료는 무엇일까요?_238 • 세상에서 가장 어려운 글은?_240 • 진짜와 가짜는 어떻게 구별할까요?_241 • 육하원칙 중 가장 중요한 건 뭘까요?_242 • 사이시옷은 언제 어떻게 쓰나요?_243 • 언어유희와 아재 개그의 차이는 무엇입니까?_244 • 글은 설계한 후에 써야 할까요?_246 • 글 한번 봐 주시겠습니까?_249 • 국어 시험을 잘 보는 방법이 있을까요?_250 • 죽는 날까지 잊지 말아야 할 것은?_251

9 _____ 마지막 질문

영화 〈퍼펙트 데이즈〉 주인공 히라야마가 출근길에 카세트테이프로 듣는 노래는?_258

후문 / 나, 계속 글을 써도 될까?_260

서문(序問)

왜

나는?

왜 나는 연필의 길이와 굵기가 글쓰기에 미치는 영향에 대해 추적하지 않을까. 왜 나는 오늘과 내일 사이를 비집고 들어갈 새로운 말을 고민하지 않을까. 왜 나는 농구공보다 큰 공을 가지고 노는 공놀이를 창조하지 않을까. 왜 나는 목 늘어진 양말을 사악한 뱀보다 싫어할까. 왜 나는 네모난 생물이 없는지 궁금해하지 않을까. 왜 나는 네모가 아닌 공동 주택이 없는지 궁금해하지 않을까. 왜 나는 풍경을 찾아 여기저기 옮겨 다니면서 스스로 풍경이 될 생각은 하지 않을까. 왜 나는 천천히가 얼마나 느리게인지 묻지 않을까. 왜 나는 가을이 점점 짧아지는 게 내 탓이 아니라고 생각할까. 왜 나는 충분히 늙었는데 늙지 않은 척, 아직 왕성한 척 할까. 왜 나는 달은 하나인데 별은 무수히 많은 까닭을 달이나 별에게 묻지 않고 해에게 물으려 할까. 왜 나는 나를 위협한 적 없는 인공지능에게 적대감을 가질까. 왜 나는 인류 평화와 번영에 조금도 보탬이 안 되는 이따위 질문을 하고 있을까. 왜 너는 질문하지 않을까.

인공지능은 할 수 없는 일.
사람만이 할 수 있는 일.

그것은 질문과 사유다. AI가 내놓는 정답 받아먹는 일에 익숙해지면 질문을 건너뛰게 된다. 사유는 생략하게 된다. 질문과 사유가 안겨 주는 통찰의 순간과도 영영 멀어지게 된다.

  나는 이 책을 질문 에세이라 부르고 싶다. 남들이 잘 하지 않는 질문을 통해 생각을 확장하는 법, 확장한 생각을 연결하는 법을 차곡차곡 경험하는 책이기 때문이다. 스스로 생각하지 않는 시대에 스스로 생각하는 법을 경험하는 책이기 때문이다. 물론 역사에 남을 놀라운 통찰 같은 건 이 책 어디에도 없다. 그러나 사소하고 시시한 질문이 데려다주는 사유의 세계가 깊이에서 넓이에서 결코 사소하거나 시시하지 않다는 것은 확인할 수 있을 것이다. 인공이 인간을 대체하는 시대, 생각의 퇴화를 막는 길은 결국 질문뿐이다. 물음표를 통과하지 않으면 느낌표에 도착할 수 없다는 사실을 모두가 기억했으면 한다.

  카피라이터는 뭐 하는 사람입니까.
  작가는 또 뭐 하는 사람입니까.

  가끔 이런 질문을 받는다. 나는 서너 가지 답을 만지작거리다가 이렇게 짧게 대답한다.

  질문하는 사람입니다.

1
첫 질문

나를 바꾸고 싶다면?

내 입 근처에 녹음기를 설치한다. 눈뜨는 순간부터 잠들 때까지 입이 하는 말 전부를 녹음한다. 하루치 녹음이 완성되면 한 문장 한 문장 꼼꼼히 다시 듣는다. 분석한다. 모두 몇 문장인지. 문장이 되려다 만 말은 몇 개인지. 남의 말을 자르고 들어간 말은 몇 개인지. 말하지 않는 게 좋았을 말은 없었는지. 확신 없이 던진 확신에 찬 말은 없었는지. 물음표를 찍어야 할 말에 느낌표를 찍지는 않았는지.

분석이 끝나면 후 한숨이 나올 것이다. 못난 내 입에 실망할 것이다. 편협함에 실망. 장황함에 실망. 조리 없음에 실망. 그러나 한숨과 실망으로 끝난다면 영영 나를 바꿀 수 없다. 지우개를 들고 교체 작업을 해야 한다. 오늘 하루 내 입에서 나온 말의 절반을 질문으로 바꾼다. 엉뚱한 질문도 좋고 위험한 질문도 좋다. 고요한 질문도 좋고 요란한 질문도 좋다. 꼭 필요한 질문도 좋고 쓸데없는 질문도 좋다. 물음표를 던지는 순간부터 내 게으른 상상력은 일을 하기 시작한다. 이불 뒤집어쓴 통찰력도 기지개를 켠다.

첫 질문의 답은 석 줄로 요약할 수 있다. 나를 바꾸고 싶다면 나를 바꾸려 하지 말 것. 내 입에서 나오는 말을 바꿀 것. 말의 절반을 질문으로 바꿀 것.

잠자는 상상력을 흔들어 깨우는 건 엉뚱한 질문.
견고한 세상을 때려 부수는 건 위험한 질문.

백화점에 놓인 상품은 모두 같은 말을 한다. 매력은 부풀리고 허물은 감추며 제발 나를 데려가 달라고 말한다. 물론 가치만큼의 값을 지불하고 데려오면 된다. 다들 그렇게 하니 그대도 그렇게 하면 된다.

그런데 그것으로 충분할까. 가치 하나를 더 데려오면 안 될까. 상품의 가치에 더해 그 상품이 던져 주는 상상력이라는 무형의 가치를 함께 데려오면 안 될까. 안 될 것 없다. 현대백화점 쏙 지나치고 롯데백화점 쏙 지나치고 상상력 백화점으로 쏙 들어가면 된다.

2 상상력 백화점 순례기

상상력에 한계가 있을까?

상상력 백화점이라니. 도대체 어떤 상상력을 어떻게 진열해 놓았을까. 궁금했고 확인하고 싶었다. 내비게이션에게 길을 물어 그곳으로 갔다. 길가엔 상상력 없는 가로수가 상상력 없는 간격으로 서 있었다. 나랑 눈을 마주칠 생각은 없어 보였다. 나도 길게 눈을 주지 않았다.

얼추 다 왔다 했는데 백화점 입구 한참 전부터 차가 길게 줄을 서 있다. 상상력에 목마른 사람들이 만든 뜨거운 줄이겠지. 나도 대열에 합류했다. 기다리는 시간은 지루하지 않았다. 오늘 하루 내가 챙길 것을 생각하면 이 정도 시간은 마땅히 지불해야 한다고 믿었다. 내 차례가 되었고 나는 차와 함께 백화점 안으로 미끄러져 들어갔다.

세상에, 지하 주차장이 지하에 있다.

지하에 있어야 할 것이 지하에 있다니. 무서운 상상력이다. 평범함, 익숙함, 반듯함 모조리 거부한 백화점일 거라는 내 상상을 무참히 부숴 버린다. 백화점 구경 시작하기도 전에 가볍게 1패다. 잘 왔다. 오늘 쇼핑 기대된다.

'같다'의 동의어는?

지하 주차장에 어렵게 차를 댔다. 너도 검은 차 나도 검은 차. 너도 검은 바퀴 나도 검은 바퀴. 하나같이 근엄한 무표정을 뚜벅뚜벅 사열하다가 문득 일본 고전 영화 〈장례식〉(1984)에서 만난 택시가 생각났다.

밤이었다. 한적한 동네, 평범한 듯 비범해 보이는 빈 택시 하나가 조문을 마치고 나오는 손님을 기다리고 있었다. 뭐가 달랐을까. 지붕이 달랐다. 택시 지붕 한가운데엔 TAXI라고 쓴 멋대가리 없는 표식 대신 노란 초승달이 갸우뚱 달려 있었다. 달빛이 켜지면 빈 택시, 달빛이 꺼지면 손님을 태운 택시. 갸우뚱 달 하나가 택시의 표정을 완전히 다른 감성으로 바꿔 놓았다. 택시의 표정만 바꿨을까. 도시의 풍경도 바꿨겠지. 도시인들의 마른 감성에도 촉촉한 보습을 줬겠지. 나는 그 택시를 낭만 택시라 부르고 싶었다. 그 차에 오른 손님은 네 바퀴 택시가 아니라 갸우뚱 달빛을 타고 도착해야 할 곳에 잘 도착했을 것이다.

    같은 표정.
    무표정.
    같은 말이다.

얼굴 근육 전부를 움직여야 표정이 바뀌는 건 아니다. 솜털만 한 근육 하나만 살짝 비틀어도 표정은 얼마든지 달라질 수 있다. 지금 그대의 볼 근육을 이렇게 저렇게 움직여 표정 몇 개를 만들어 보라. 그대도 초면인 그대를 만날 수 있다.

> 같다는 건 없다는 것.
> 내 표정이 없으면 내 존재도 없다.

지하 주차장은 왜 어두울까?

표정 없는 검은 차와 검은 차와 검은 차가 이곳 표정을 어둡게 만들었을까. 아니다. 잠시 후 엘리베이터 타고 올라가서 만날 환한 매장을 추어올리기 위함이다. 환한 공간이 더 환하게 느껴지라고 어둠으로 꾹꾹 눌러 놓은 거다. 어둠이 밝음의 등장을 조용히 돕는 거지.
빛과 어둠은 공존할 수 없는 신분이다. 하나가 살면 하나는 죽는다. 이런 관계를 흔히 적이나 원수라고 부른다. 총칼 들고 서로를 노려보는 험악한 관계. 그러나 험악한 표정을 풀고 다시 보면 라이벌이라는 살벌하지 않은 말도 있다. 적이나 원수는 서로를 파괴해야 존재할 수 있지만, 라이벌은 앞서거니 뒤서거니 하며 나란히 존재할 수 있다.

빛과 어둠은 오랜 세월 라이벌로 살았다. 서로 경쟁하며 서로에게 도움을 주는 좋은 라이벌. 어둠이 있어 빛은 더 빛나고 빛의 피곤함은 어둠을 소중함을 알게 해 준다.

> 나를 긴장시키는 것도 나의 라이벌.
> 나를 초라하게 만드는 것도 나의 라이벌.
> 나를 망치로 때려 깨우는 것도 나의 라이벌.

나의 성취 절반은 내 라이벌이 내게 준 것. 그대에겐 그런 라이벌이 있는지.

문명이 나를 침범하는 걸 어느 선까지 용인해야 할까?

분명 지하 2층에 주차했는데 차가 왜 없지?
2층이 아니라 3층이었나?
뭐야, 3층에도 없잖아.
내가 차를 가져오긴 한 거야? 가만, 내게 차가 있었나?

지하 주차장에 차를 두면 늘 이런 피곤한 질문을 하곤 했다. 그러다 누군가 휴대폰을 꺼내 차의 위치를 찰칵 사진으로 찍는 걸 봤다. 오호, 저런 방법이 있었다니. 천재다. 천재를 만난 이후 나도 내 차의 위치를 찰칵 사진으로 찍어 둔다. 물론 사진기가 달린 전화기라는 문명을 사용한다. 나 같은 둔재는 조용히 천재를 따라 하면 손해 볼 일은 없다.

문명은 내가 기억에서 지우라고 명령하지 않으면 내 차가 B2라-37에 있다는 걸 까먹는 일이 없다. 놈의 기억력은 마모되지도 소멸되지도 않는다. 하지만 기억력이 좋다고 인성까지 좋은 건 아니다. 놈은 교활하거나 앙큼하거나 최소한 비겁하다. 입으로는 세상을 바꾼다고 떠들고 다니면서 실은 세상이 아니라 인간을 바꾼다. 엄한 부모도 바꾸지 못한, 독한 선생들도 바꾸기를 포기한 나를 바꾼다. 어떻게 바꿀까. 달콤한 사탕을 쥐어 주며 바꾼다. 문명이 내게 쥐어 주는 사탕은 무엇일까.

    효율.
    편리.

문명은 내게 효율과 편리를 주고 그 대가로 내 머릿속에 든 것들을 하나둘 압수하기 시작했다. 이제 내 머리가 기억하는 전화번호는 없다. 내 어머니 번호도 그녀와 일면식 없는 문명이 기억한다. 놈이 경로를 이탈했다고 수선을 떨면 나는 한동안 낑낑 식은땀을 흘려야 한다. 놈이 손에 없으면 나는 한 발짝도 움직일 수 없는 눈뜬장님이 되어 버렸다. 이 글을 읽는 너는 입술을 떼지 않고 내 말을 받는다. 나도 그래. 나도 사탕에 넘어갔어.

이해하기 어려운 건 나다. 교활하거나 앙큼하거나 비겁한 문명을 대하는 나의 태도다. 나는 나를 훔쳐 간 문명에게 시비하지 않는다. 항의하지 않는다. 나의 퇴화를 문제 삼지도 않는다. 오히려 내 머리보다 문명의 충직함을 더 깊숙이 믿는다. 놈이 하루하루 내 기억력을 갉아먹고 있다는 걸 알면서 모른 척한다. 행여 놈이 토라져 나를 두고 멀리 떠나지 않을까 걱정한다.

문명과는 어디까지 타협해야 할까. 문명이 나를 침범하는 걸 어느 선까지 용인해야 할까. 어려운 문제다. 문명에게 물으면 그 빈틈없는 계산력으로 자신에게 유리한 답을 찾아낼 테니 그럴 수도 없다. 나는 나에게 물었고 내가 내놓은 답이 정답이라고 우기기로 했다.

> 기억력과 계산력은 문명에게 양보한다.
> 상상력은 양보하지 않는다.

내 상상력이 문명을 제압할 수 있어서가 아니다. 이것마저 내주면 너무 슬플 것 같아서. 이 책도 태어날 수 없을 것 같아서.

엘리베이터 닫힘 버튼, 눌러야 할까?

엘리베이터를 탔다. 바쁘지도 않은데 습관적으로 누르는 닫힘 버튼. 가끔은 엘리베이터를 향해 필사적으로 달려오는 누군가를 절망에 빠뜨리고 마는 닫힘 버튼. 꼭 눌러야 할까. 하루 한 번만 덜 누르면 어떤 일이 일어날까.

손가락 끝이 받는 압력이 바뀐다.

압력이 바뀌면 뭐가 바뀔까. 지문이 바뀐다. 지문이 바뀌면 또 뭐가 바뀔까. 운명이 바뀐다(넓은 눈으로 보면 지문도 일종의 손금이다). 어떻게 바뀔까. 순간의 유혹을 물리친 내가 기특하겠지. 잘했어, 잘했어 내가 나를 칭찬하겠지. 고래도 춤추게 한다는 칭찬이 내 인생을 춤추게 하지 않을까. 지금보다 훨씬 긍정적인 쪽으로 나를 데려가지 않을까. 오늘부터 1일 어떤가. 3초만 참으면 인생이 바뀌는데. 인생에서 3초는 아무것도 아닌데.

닫힘 버튼은 노터치. 몇 층을 누를까. 의식주라는 말도 있으니 의류 매장부터 들를까. 그런데 의식주는 누가 정한 순서일까. 옷 만들어 먹고사는 자들의 입김이 작용한 건 아닐까. 식의주. 이 순서가 맞다. 먹는 게 먼저다. 나는 지하 1층 식품 매장 버튼을 꾹 눌렀다.

세상은 정말 불공평할까?

엘리베이터 문이 열렸다. 나의 귀와 코와 눈은 입보다 빠르게 매장 안으로 들어섰다. 귀는 소리로, 코는 냄새로, 눈은 벽에 붙은 안내문을 훑는 것으로 이곳이 식품 매장임을 확인해 주었다. 입은 아무 일도 안 했다. 이제 귀와 코와 눈이 고르고 손이 집어 든 것을 먹는 일을 할 것이다.

공평하지 않다고?

괜찮다. 각자 자신의 일을 하는 거다. 엘리베이터에서 내리는 순간 입에게 맡겨진 일은 아무 일도 안 하는 일이었다. 입은 그 일을 한 것이다. 하루 종일 놀고먹는 것처럼 보이는 입에게도 서러움은 있다. 때론 먹기 싫은 것도 먹어야 한다. 가끔은 하기 싫은 말도 해야 한다. 모차르트를 들을 수도 없고, 샤넬5에 취할 수도 없고, 피카소를 감상할 수도 없는 우울한 존재가 입이다. 세상은 불공평한 것 같지만 묘하게 균형을 찾아간다.

멸치와 고래는 친구가 될 수 있을까?

식품 매장에서 맨 처음 나를 반긴 건 마른멸치였다. 녀석에게 말을 걸었다. 넌 바다에 살 때 누구랑 친했니? 백화점에 들어와 내 입이 한 첫 번째 일이었다. 고래랑 가장 친했어. 대답을 듣고 큭 웃을 뻔했는데 참았다. 둘이서 뭐 하고 놀았는데? 입이 두 번째 일을 했다. 덩치를 생각해 봐. 우린 같이 할 수 있는 게 없었어. 때로는 멀리서 때로는 가까이서 서로를 따뜻한 눈으로 지켜봤어. 그걸로 좋았어. 같이 놀지 않는데 친구라 할 수 있어? 내 질문이 날카로웠을까. 멸치는 쉽게 대답하지 못했다. 대답 대신 질문이 돌아왔다.

나도 궁금한 게 있는데, 너는 친구랑 노니?
휴대폰이랑 놀지 않니?

불가능은 정말 없을까?

10년 전쯤이다. 나폴레옹이 사전 한 권으로도 입증하지 못한 '불가능은 없다'라는 명제를 나는 문장 하나로 입증해 냈다. 사람들은 내 통찰에 껄껄 웃으며 동의해 주었다. 어떤 문장이었을까.

> 평생 물에 젖어 살아온 오징어가 마른안주의 대표가 되다니!

오늘 식품 매장에서 오징어를 다시 만났다. 생색도 내고 싶었고 감사 인사도 받고 싶었다. 내가 써 준 문장이 마음에 들었는지 물었다. 오징어는 눈을 들어 물끄러미 나를 바라보더니 고개를 저었다. 대표라는 말에 잠시 우쭐했지만 접시 위에 드러눕는 순간 바다로 가는 길이 막혀 버렸다고 했다. 자신이 왜 땅콩 곁에 누워 있어야 하는지 모르겠다고 했다. 비린내의 바다가 그립다고 했다. 평생 물에 젖어 살아온 오징어가 그 순간은 눈물에 젖어 있었다. 그는 나를 꾸짖듯 혼잣말을 했다.

불가능은 있어. 나폴레옹이 틀렸어.

나폴레옹만 틀렸을까?

햄릿도 틀렸다.

문제는 사느냐 죽느냐가 아니다. 살아 꿈틀거려도 죽은 사람이 있다. 죽은 후에도 죽지 않는 사람이 있다. 눈곱만큼 더 먹고 더 입고 더 갖기 위해 잘 죽으려는 마음을 죽인다면 살아도 산 사람이 아니다. 진짜 문제는 사느냐 죽느냐가 아니라 왜 사느냐 어떻게 죽느냐.

링컨도 틀렸다.

링컨은 위대한 말을 남겼다. 투표는 총알보다 강하다. 보태거나 뺄 것이 없는 말이다. 자신의 말에 취했을까. 이 한마디로 그쳤어야 했는데 오늘은 말이 되는 날이라며 한마디를 더 남겼다. 괜한 말이었다. 나이 마흔이 되면 자기 얼굴에 책임을 져야 한다. 깊은 통찰에서 나온 말이긴 한데 링컨 입에서 나올 말은 아니었다. 이 말은 후세 지구에 나타날 강동원이나 강동성형외과 원장에게 맡겨 뒀어야 했다. 말이 많으면 탈도 많다고 했다.

내 말의 신뢰를 깎아내리는 말은 다시 내 입에서 나온다.

    콜럼버스도 틀렸다.

탁자 위에 계란을 세우는 아이디어는 신박했지만 계란에게 먼저 물었어야 했다. 너는 아슬아슬한 자세로 서 있는 걸 좋아하니, 편안한 자세로 누워 있는 걸 좋아하니? 나의 영예를 위해 너에게 껍질 뜯기는 고통을 강요해서는 안 된다. 콜럼버스는 아메리카 대륙에게도 물었어야 했다. 내가 너를 발견해도 될까. 상륙해도 될까.

    피카소도 틀렸다.

피카소는 말했다. 예술은 도둑질이다. 창작은 모방에서 시작된다는 말이다. 맞는 말이다. 나도 지금 피카소의 말을 훔쳐 와 이 글을 쓰고 있지 않은가. 모방은 모방으로 끝나지 않는다. 노랑이 파랑을 모방하면 조금씩 초록으로 간다. 그렇게 내 색깔이 만들어지는 것이다. 그런데 왜 피카소가 틀렸다 했느냐고? 그가 자신의 영예를 위해 도둑 일부의 명예를 훼손했기 때문이다. 도둑에도 품질이 있고 등급이 있다. 동일 수법으로 맨날 유치장에 갇히는 건 저 아래 하수들이다. 일등급 도둑은 남의 기술을 모방하지 않는다. 한 번 쓴 기술을 재탕하지도 않는다. 자신만의 감으로 호구를 찾고, 자신만의 기술로 호구 호주머니에 있는 것을 내 호주머니로 옮긴다.

생텍쥐페리도 틀렸다.

만약 오후 4시에 네가 온다면 나는 3시부터 행복해지기 시작할 거야. 생텍쥐페리가 《어린 왕자》에서 한 아름다운 말이다. 흠잡을 데 없는 말이다. 흠잡을 데 없는데 왜 불러냈느냐고? 흠잡을 데가 없어서 불러냈다. 흠이 없다는 건 가까이 다가가기 어렵다는 뜻이다. 작은 흠이라도 있어야 그 틈으로 사람이 비집고 들어간다. 사랑도 비집고 들어온다.

미상도 틀렸다.

미상이라는 작자는 수많은 말을 남겼다. 동서를 막론하고 우리 인생을 간섭하는 격언이나 속담 절반은 바로 이 작자 미상 작품이다. 돈을 잃는 것은 적게 잃는 것이고, 명예를 잃는 것은 크게 잃는 것이고, 용기를 잃는 것은 전부를 잃는 것이다. 처칠의 말로 알려진 이 말 역시 실은 미상이 한 말이다. 물론 그럴싸한 말이다. 그러나 말을 하다가 도중에 멈춘 말이다. 끝을 맺지 못한 말이다. 미상은 이렇게 말했어야 했다. 끝까지 말했어야 했다. 돈을 잃는 것은 적게 잃는 것이고, 명예를 잃는 것은 크게 잃는 것이고, 용기를 잃는 것은 전부를 잃는 것이고, 사람을 잃는 것은 우주를 잃는 것이다.

나도 틀렸다.

강한 것보다 강한 것은 다른 것이다. 《내 머리 사용법》이라는 책에 쓴 말이다. 모두가 컬러일 때 조용한 흑백이 눈에 띈다는 말이다. 모두가 헤비메탈일 때 잔잔한 재즈가 귀에 들린다는 말이다. 처음엔 썩 괜찮은 말이라고 생각했다. 지금 생각하니 해서는 안 될 말이었다. 내가 나를 옥죄는 말이 되고 말았다.

오늘도 나는 내가 한 말을 주워 담지 못해 이 무거운 연필을 들고 신음하고 있다. 뭐 다른 거 없을까.

직업병은 몹쓸 병일까?

오징어 곁에는 문어가 누워 있었고 문어를 본 순간 나는 싱겁게도 문어체를 떠올렸다. 나는 고등어를 보면 초등어, 중등어를 떠올린다. 딸기를 보면 아들기를 떠올리고 순대를 보면 숙대, 고대, 연대를 떠올린다. 수박에선 박수를 떠올린다. 늘 이런 식이다. 말장난하는 습관이 몸에 배어 나도 나를 어쩔 수 없다. 문어에서 문어체를 떠올리고 말았으니 이 질문을 할 수밖에.

왜 문어체를 쓸까.

'문어는 맛있어'라고 말하면 되는데 왜 '문어는 나무랄 데 없는 맛을 지녔다는 것이 본인의 판단입니다'라고 표현할까. 귀에 대

고 편하게 말하는 것 같은 글이 쉬운 글, 좋은 글 아닐까. 읽히는 글 아닐까.

미안하다. 잠시 직업병이 도졌다. 하지만 직업병 덕에 문어체에 대한 내 생각을 깔끔하게 정리할 기회를 가졌으니 놈이 아주 몹쓸 병은 아닌 것 같다. 치료할 생각 없다.

나의 유효기간은?

몇 걸음 더 움직이자 네모난 냉동실이 보였다. 냉동실 안에는 이집트 미라처럼 차갑게 굳은 아이스크림이 잔뜩. 내 눈엔 그것이 시체가 산을 이룬 모습으로 보였다. 그곳이 냉동실이 아니라 영안실로 보였다. 그래도 먹는 건데 시체나 영안실은 너무 간 것 아니냐고? 과연 그럴까. 냉동실에 들어앉은 아이스크림이 할 수 있는 일은 무엇일까.

없다.

메로나도 쌍쌍바도 할 수 있는 일이 없다. 스크류바도 몸만 비비 꼴 뿐 할 수 있는 게 없다. 그들에게 허락된 유일한 동작은 부동자세뿐이다. 한밤중 영안실에서는 혼이 빠져나와 복도를 서성거린다는데 이 차가운 영안실에선 그런 움직임조차 없다. 냉동실 안에서는 꿈도 사랑도 시간도 모두 정지다.

왜 태어났을까. 죽은 척하려고 태어나지는 않았겠지. 누군가의 입을 즐겁게 해 주려고 태어났겠지. 도대체 그 일을 언제 하겠다는 건지. 물론 아이스크림 포장지에도 유효기간은 적혀 있다. 그러나 저 영안실 문이 열리지 않는다면 하등 의미 없는 숫자다. 아이스크림의 유효기간은 그들이 냉동실 밖으로 뛰쳐나오는 순간부터 시작된다.

냉동실 밖을 서성거리는 나의 유효기간은 언제부터 언제까지일까. 기저귀를 차는 순간부터 수의를 입는 순간까지일까. 언제까지일지는 나도 모르지만 언제부터인지는 알 것 같다. 누군가의 품에서 벗어나 나로 설 때부터. 나로 살 때부터.

소는 어떤 말의 준말일까?

냉동실을 지나자 냉장실이 보였다. 냉장실 안에는 죽은 소가 안창살, 토시살, 살치살 등 죽어서 얻은 새 이름을 나눠 붙인 채 누워 있었다. 그 위로 고기 사겠다는 마음이 1도 없는 나를 강하게 흔드는 문장이 적혀 있었다.

오늘만 한우 50% 세일!

졌다. 상상력이라곤 찾아볼 수 없는 저 흔해 빠진 문장에게 내가 졌다. 나는 '오늘만'에 조급해졌고 '한우'에 흔들렸고 '50%'에 그대로 항복했다. 한가운데 직구 같은 문장에게 삼진을 당한 꼴이다. 만약 저 한 줄을 내가 썼다면 군더더기를 넣어 멋을 부리려 했을 것이고, 문장의 설득력과 파괴력은 오히려 무뎌졌을 것이다. 꾸미려는 욕심을 버려야 진정성이 전달된다. 세상 사는 것도 그렇고 사람을 사랑하는 것도 그렇겠지. 어쨌든 항복을 했으니 지갑을 열어야 한다. 나는 안창살 한 팩을 집어 들며 이렇게 중얼거렸다.

소는 '고마웠소'의 준말일 거야.

평생 힘든 일 묵묵히 해 줘서 고마웠소. 외양간 한번 고쳐 주지 못했는데 잠자리 불평하지 않아서 고마웠소. 맨날 지푸라기 식사만 대접했는데 반찬 투정 부리지 않아서 고마웠소. 편히 가게 해 주지도, 흔한 무덤 하나 남겨 주지도 못했는데 조용히 눈 감아 줘서 고마웠소. 오늘도 고맙소. 가격을 절반으로 후려친 그대를 장바구니에 넣고 뿌듯해하는 얍삽한 나를 못 본 척해 줘서.

그때 내 곁에서 토시살을 주워 담던 여자 어르신 한 분이 나보다 더 낮은 목소리로 중얼거렸다. 혼잣말인지 나에게 하는 말인지 알 수 없었다.

틀렸소. 소는 '고마웠소'의 준말이 아니라 '미안했소'의 준말이라오. '고마웠소'라는 말 안에 '미안했소'가 들어 있다 해도 '미안했소'를 건너뛴 '고마웠소'는 부실한 말일 수 있소. 꽉 조이지 않은 헐렁한 말일 수 있소.

시간을 돈으로 환산하여 지갑에 꽂아 준다면?

시식하고 가세요!

공짜다. 지글지글 맛있어 보인다. 문제는 길게 늘어선 줄. 줄은 기다림이고 기다림은 곧 시간이다. 5만 원에서 1만 원을 쓰면 얼마가 남을까. 5시간에서 1시간을 쓰면 얼마가 남을까. 완전히 같은 말이다. 틀림없는 공짜라 믿었는데 공짜가 아니었다. 군침 삼키며 지나쳤다.

시간을 돈으로 환산하여 각자의 지갑에 꽂아 준다면, 가만히 서서 내 순서 기다리는 일에 그 돈을 흥청망청 쓸 사람은 없을 것이다. 안다. 이건 내가 나에게 하는 말이라는 것을.

내 지갑에는 남은 시간이 몇 장 없다.

4월로 드릴까요, 5월로 드릴까요?

물을 팔다니. 판다고 사다니.

내 어릴 적엔 상상도 못 한 일이다. 물은 그냥 마시는 거였다. 거저 마시는 거였다. 사고파는 물건이 아니었다. 그러나 이젠 돈과 물을 교환하는 게 당연하고 또 익숙한 일이 되어 버렸다. 머지않아 우리는 물보다 더한 것을 사고파는 풍경을 구경하게 될지도 모른다. 그런 게 뭐가 있을까. 그래, 봄.

봄 사흘만 주세요.
4월로 드릴까요, 5월로 드릴까요.
5월은 할인이 안 됩니다.

바람에도 가격표가 붙을지 모른다. 노을에도 가격표가 붙을지 모른다. 달빛에도 가격표가 붙을지 모른다. 친절에도 위로에도 포옹에도 가격표가 붙을지 모른다. 어쩌면 모두에게 거저 주어지는 건 죄다 사라질지도 모른다. 누군가는 1년을 계절 하나로 버텨야 할지도.

광어도 유언을 할까?

생선회 코너. 조용하다. 죽은 자는 말이 없으니. 유난히 하얀 속살을 드러낸 생선회 앞에 플라스틱 이름표 같은 것이 놓여 있었고 거기엔 광어라고 적혀 있다. 묘비이고 묘비명이다. 어떻게 죽었을까. 도마 위에 오를 때 저항은 안 했을까. 칼을 받기 직전 유언은 남겼을까. 유언을 남겼다면 고인 이름 곁에 새겼을 텐데, 달랑 광어라고 쓴 걸 보면 유언은 없었던 걸로 추정된다.

왜 유언을 하지 않았을까.

할 말이 정 없으면, 맛있게 먹어 줘, 라는 말이라도 했어야지. 아마 귀를 못 찾았을 것이다. 시퍼런 칼을 쥐고 심호흡을 하는 주방장 귀엔 어떤 말도 들리지 않으니까. 도착할 곳을 찾지 못한 유언은 유령처럼 허공을 떠돌 테니까. 광어에게 한 수 배웠다. 말을 하고 싶을 땐 이것부터 살필 것. 들어 줄 귀가 내 앞에 있는지.

콜라버거는 왜 없을까?

햄버거 가게 앞을 지나면서는 이런 엉뚱한 질문을 던져 봤다. 빵과 빵 사이에 고기, 소스, 양파, 양상추, 토마토, 심지어 짜장까지 욱여넣는 햄버거에 왜 콜라는 넣지 않을까. 콜라만 집어넣으면 그야말로 완전체일 텐데.

먼저 뻔한 답 1, 2는 머리에서 지웠다. 그게 뭐냐고? 그대 머릿속에 방금 떠오른 그 답. 1. 콜라는 액체라서 빵과 빵 사이에 감금할 수 없으니 어쩌고저쩌고. 2. 콜라를 따로 팔아야 매출에 도움이 되는데 어쩌고저쩌고.

그렇다면 뻔하지 않은 답은 어떻게 구할까. 상상을 하는 거다. 상상하는 방법은 다시 질문이다. 고체 콜라를 연구하면 어떨까? 햄버거에 콜라를 넣는다는 생각을 뒤집어 콜라에 햄버거를 넣는다면 가능하지 않을까? 이런 뾰족한 질문으로 머리를 콕콕 자극하다 보면 어느 순간 물음표가 느낌표로 바뀌며 꽤 싱싱한 답을 건질 수 있다. 어떤 사물이나 현상에서 질문 다섯 개만 끄집어내면 글 하나를 뚝딱 써낼 수 있는 것과 같은 이치다. 나의 상상은 이런 답을 내놓았다.

콜라버거가 시판되면 햄버거에겐 불가능이 없다는 소문이 쫙 퍼질 테니까. 곧 더한 요구가 밀려들 테니까. 이를테면 한입 먹으면 수학 실력이 쑥쑥 느는 수학버거 같은 것. 이런 황당한 요구가 부담스러웠을 거야. 사람 욕심은 끝이 없으니까. 햄버거

백 개를 쌓아 올린 높이보다 한참 위에 사람 욕심이 있으니까.

쓸데없는 질문에 쓸모없는 답이라고?

그럴지도 모르지. 그러나 의미 없는 시간은 아니었을 것이다. 엉뚱한 질문을 받아 든 나는 답을 추리하려고 평소 안 쓰던 뇌 근육을 썼겠지. 죽은 듯이 살던 내 왼쪽 구석 뇌가 오랜만에 움직임을 가졌겠지. 쌓인 먼지를 털어 냈겠지. 간만에 뇌 전체가 하나 되어 움직였겠지. 좌뇌, 우뇌, 중뇌 모두 살아서 꿈틀꿈틀. 그걸로 보상이 충분하지 않을까.

사람들은 어떤 물건을 살까?

식품 매장 한가운데 서서 매장 전체를 휘 둘러봤다. 파는 사람. 사는 사람. 저마다 분주하다. 그런데 사는 사람은 이 큰 매장 이 많은 상품 중에 어떤 물건을 골라 살까. 또 어떤 물건을 사지 않을까. 각자 정교한 구매 기준 같은 것을 손에 쥐고 매장 안으로 들어오는 걸까.

궁금했다.
관찰했다.

궁금했다가 질문이라면 관찰했다는 질문의 답을 찾아가는 길이다. 다리를 움직여 가는 길이 아니라 눈을 움직여 가는 길이다. 어쩌면 답에 다가가는 거의 유일한 길이다. 저기 저 사람. 관심 가는 물건 앞에 선다. 그러나 그것을 장바구니에 바로 넣지는 않는다. 들었다 놨다 한동안 꼼꼼히 살피더니 마지막 확인 작업이라는 듯 시선을 물건 파는 사람 쪽으로 옮긴다. 파는 사람의 입을 본다. 파는 사람의 손을 본다. 그런 후 결심이 섰는지 물건을 장바구니에 담는다.

알 것 같았다. 사람들은 내 입이 말하는 것을 산다. 내 손이 가리키는 것을 산다. 그들이 내 입과 손을 의심한다면 나는 건빵 한 봉지 팔 수 없다. 나를 팔 수 없다면 내가 만든 것도 팔 수 없다. 좋은 물건을 만들기 전에 좋은 나를 먼저 만들어야 한다.

믿음을 주는 나.
안심을 주는 나.

왜 우리는 3분에 집착할까?

3분 카레. 3분 짜장. 3분 미역국.

레토르트 식품이 진열된 곳에 들어서니 하나같이 3분을 내세

운다. 컵라면도 물 붓고 3분을 강조한다. 뿐만 아니다. 3분 염색, 3분 스피치, 3분 스트레칭… 세상은 모든 말 앞에 3분을 붙이려고 안달한다. 왜 이렇게 3분에 집착할까. 투자 대비 만족도가 가장 높은 단위 시간이 3분이기 때문일까.

여유의 분실이다.

우리는 느긋하게 기다리는 법을 잊어버렸다. 과정을 찬찬히 즐기는 법도 잊었다. 빠른 결과에 감탄하고 더 빠른 결과에 흥분한다. 30분에 할 일을 3분에 끝내고 뿌듯해한다. 그런데 3분이 벌어 준 귀한 시간 27분은 누구에게 줄까. 고스란히 스마트폰에게 준다.

과정을 생략한 결과에 깊음이 있을 리 없다. 전자레인지의 도움을 받아 빠르게 배를 채웠는데 왠지 한구석이 허전하다면, 그건 3분이 만들어 낸 결과가 깊이를 다지지 못했기 때문일 것이다.
누구를 탓하려는 게 아니다. 이 책도 3분이면 읽을 수 있는 짧은 글들로 채워져 있다. 식품 매장에 놓인다면 《3분 질문》 같은 이름을 달고 3분 카레 곁에 누워 있을 것이다. 나 역시 3분 세상에 한 발을 걸친 공범이라는 말이다. 나는 지금 짧음을 내놓고 깊음을 읽어 달라는 무리한 요구를 하고 있다.

고독과 고통은 통증이 같을까?

언제부턴가 우리는 껌을 씹지 않는다. 새우깡엔 변함없이 손이 가지만 껌에겐 손을 주지 않는다. 롯데껌과 해태껌의 그 뜨거운 경쟁도 가물가물 옛날이야기가 되어 버렸다. 학생들이 끌을 들고 쭈그리고 앉아 길바닥에 달라붙은 껌을 떼는 풍경도 추억 속으로 사라지고 없다. 먼지가 내려앉기 시작한 껌. 식품 매장에서 그대로 생을 마칠지도 모르는 껌. 이젠 개껌을 부러워해야 하는 사람의 껌.

그래도 껌은 괜찮다. 매장 한 귀퉁이에 아직 내 자리가 있으니 괜찮다. 언제 다시 복고 바람이 불지 모르니 인내를 갖고 기다려야 한다. 사람 입 간사하다는 말을 굳게 믿고 때를 기다려야 한다.

껌보다 슬픈 건 백화점에 들어가고 싶어도 들어갈 수 없는 맛있는 것들이다. 길거리 포장마차에서 이쑤시개로 찍어 먹는 이름 없는 떡볶이나 오뎅 국물 같은 것이 그것들이다(이젠 오뎅이 아니라 어묵이라는데, 어묵 국물이라고 쓰면 국물 맛이 달아날 것 같아 야단맞을 각오하고 오뎅 국물).

떡볶이와 오뎅 국물도 백화점 구경을 한 적이 있다. 그들 눈에 휘황한 매장은 궁전이었고 그곳을 가득 채운 총천연색 상품은 모두 왕자 아니면 공주였다. 부러웠다. 하루라도 그곳에서 산다면 소원이 없을 것 같았다. 백화점에게 물었다. 우리도 여기 있으면 안 될까요. 백화점은 손가락 끝으로 대답했다.

위생을 지적했다.
포장을 지적했다.
실적을 지적했다.

떡볶이와 오뎅 국물은 조용히 백화점을 빠져나와 우울한 하늘을 봤다. 비가 쏟아질 것 같았다. 세상은 백화점의 우아한 기준을 통과하지 못한 그 맛있는 것들을 싸잡아 불량 식품이라 부른다.

껌의 하루가 고독이라면 떡볶이와 오뎅 국물의 하루하루는 고통일 것이다. 고독과 고통은 거의 같은 표정을 짓고 있지만 통증의 깊이는 다르다. 지독한 고통 앞에서 고독이라는 감정은 사치인지도 모른다. 어쩌면

사람을 파는 가게는 왜 없을까?

식품 매장을 한 바퀴 다 돌았는데 사람을 파는 곳은 없었다. 먼 훗날 생길지도 모르지만 아직은 없었다. 왜 없을까. 사람 가격 매기는 게 어려워서일까. 군인은 얼마이고 시인은 얼마일까. 아이는 얼마이고 노인은 얼마일까. 꽃집 사장님은 또 얼마짜리

일까. 어렵다.

가격이 아니라면 조명 때문인지도 모른다. 백화점은 과하게 환하다. 무대에 올라 조명받기를 좋아하는 게 사람이라지만 그것도 한두 시간이다. 몇 날 며칠을 눈부신 조명 아래에 진열해 둔다면 절반은 미쳐 눈이 풀릴지도 모른다. 빛 광(光)과 미칠 광(狂), 둘의 관계를 좀 더 알아봐야겠다. 조명을 받는 건 행복한 일이지만 숨을 곳 하나 없이 조명을 받는 건 지독하게 외로운 일이다.
조명도 아니라면 애프터서비스 문제일 수도 있겠다. 구입한 지 일주일도 안 돼 가출을 한다거나 머리 깎고 출가를 해 버린다면 백화점 입장에서도 난감한 일이겠지.

그런데 만약 있었다면,

사람을 파는 가게가 정말 있었다면 나는 사람 하나 사는 데 얼마를 쓸 생각이었을까. 지갑을 꺼내지는 않았을 것이다. 지갑으로는 사람을 살 수 없으니까. 내 인생 전부를 지불할 각오가 섰을 때 가게 문을 열고 들어갔을 것이다.

에스컬레이터는 누가 처음 만들었을까?

식품 매장을 훑고 한 층 올라가려고 에스컬레이터를 탔다. 가만히 있어도 오르락내리락 나를 원하는 층으로 데려다주는 마법의 길. 오르는 그 잠깐 동안 이런 생각을 했다.

> 오늘 내가 누리는 모든 편리와 권리는
> 나 아닌 누군가의 도전과 희생이 내게 선물한 것

저절로 편리도 없고 저절로 권리도 없다. 저절로 미래도 없다. 나는 지금 에스컬레이터를 타고 올라간다. 너는 지금 에스컬레이터를 타고 내려간다. 올라가는 나의 시선과 내려가는 너의 시선이 스치듯 만나는 순간 너와 내가 함께 공유해야 할 사람은 누구일까. 함께 기억해야 할 사람은 누구일까. 마법의 길을 처음 만든 사람 아닐까. 모두에게 편리와 권리를 선물한 사람 아닐까.

나도 사람들 기억에 남고 싶은데, 사람들 머리에 가슴에 오래도록 남고 싶은데, 그런 묘책 같은 게 있을까. 있다. 어디 멀리 있는 게 아니라 바로 몇 줄 위에 있다. 도전 그리고 희생.

3 엉뚱한 질문

왜 우리는 잠을 잘까?

깜깜하니까.
피곤하니까.
건강해지려고.

나는 세 번째 답이 정답이라고 생각한다. 잠을 자는 동안엔 술을 마실 수 없다. 잠을 자는 동안엔 담배를 피울 수 없다. 잠을 자는 동안엔 폭식도 할 수 없다. 몸에 폐 끼치는 짓을 할 수 없으니 건강하기 싫어도 건강해진다. 그뿐이 아니다. 잠은 마음 건강도 챙긴다. 잠을 자는 동안엔 걱정도 후회도 미련도 잠을 잔다. 욕심도 질투도 집착도 잠을 잔다.

우리는 어떤 것을 얻으려면 무엇을 해야 한다고 믿는다. 그러나 아무것도 하지 않음으로써 원하는 것에 도착할 수도 있다. 아침형 인간이 몸도 마음도 건강하다는 그럴싸한 말에 속지 말자. 일찍 자고 늦게 일어나자.

손수건은 왜 손수건일까?

너를 수건 범주에 넣을지 말지 많이 고민했어. 처음엔 '손바닥 크기만 한 작은 헝겊 쪼가리'로 부르자는 의견이 대다수였어. 너는 딱 손바닥 크기만 한 헝겊 쪼가리였으니까. 수건이라 부르기엔 너무 작고 여리고 가벼웠으니까.

그런데 이름이 너무 길었어. 열네 글자 이름이라니. 이렇게 긴 이름 넌 들어 봤니? 아, 백인이 총 들고 들어가기 전 아메리카 주인이었던 이들의 이름이 길기는 했다더라. '사람들이 그의 말을 두려워해'라는 이름도 있었고 '푸른 초원을 짐승처럼 달려'라는 이름도 있었대. 또 그들은 친구를 '나의 슬픔을 지고 가는 사람'이라 불렀고, 11월을 '모두 다 사라진 것은 아닌 달'로 불렀대. 어때, 타임머신 타고 슝 날아가서라도 배우고 싶은 감성이지. 하지만 지금은 이름도 감성도 다 죽어 버렸어. 백인이 나빴거나 총이 나빴어.

'손바닥 크기만 한 작은 헝겊 쪼가리'는 뱀처럼 길기만 했지 울림이 있는 이름은 아니잖아. 그래서 손바닥수건으로 부르자는 의견이 나왔고, 더 줄이자 해서 손수건으로 압축된 거야. 말이 길었네. 네 이름의 역사 가지고 이렇게 길게 말하려는 건 아니었는데.

오늘 내가 너에게 말을 건 건 충고 하나를 주고 싶어서야. 너는 참 열심히 살지. 그냥 수건은 하루 종일 욕실에 틀어박혀 있는데 너는 부지런히 밖을 싸돌아다니지. 그냥 수건은 내 몸에 흐르는 물만 책임지는데 너는 남의 눈물까지 간섭하지. 남의 연애사를 간섭하다가 남자와 여자 사이에서 실종되기도 하지. 그래, 너는 왕수건이라 바꿔 불러도 좋을 만큼 활동 폭이 넓어. 그건 인정해. 그런데 괜찮니? 매일매일 그렇게 사는 게 힘들지 않니? 지치지 않니?

하하 조금도 힘들지 않아. 외로운 사람 위로할 수만 있다면 더 바빠져도 상관없어. 그런데 이건 충고가 아니라 칭찬 아냐? 나, 네 말 듣고 기분이 올라갔는걸. 아니, 아니, 내 말은 그런 말이 아니야. 너의 열심을 추앙하는 말이 아니야. 나는 지금 너에게 열심히 살지 말라고 당부하는 거야. 안 되겠다. 내가 더 차분하게 설명해야겠다.

눈물은 누가 흘리지?

외로움이 흘리지. 서러움이 흘리지. 맞잖아. 외롭고 서러울 때 뚝뚝 흘리는 게 눈물이잖아. 이때 눈물이 맡은 임무는 뭘까. 외로움 서러움 다 데리고 몸 바깥으로 나가는 거야. 그런데 네가 눈물을 틀어막으면 어떻게 될까. 녀석들은 밖으로 나갈 수 없어. 외롭고 서러운 마음 씻을 기회가 사라지는 거야. 그러니까 내 말은 누군가의 눈에서 눈물이 쏟아지려 할 때 닦아 주겠다고 나서지 말라는 거야. 그냥 울게 두라는 거야. 실컷 울게 두라는 거야.

그럼 난 뭘 하지? 너는 울상이 되어 묻겠지. 아무것도 하지 마. 빨랫줄에 몸을 맡기고 축 늘어져 노는 거야. 흘러가는 구름도 보고 지나가는 바람도 느끼면서. 네가 닦지 않아도 눈물은 곧 말라. 바람이 그 일을 할 거야.

'아침부터 저녁까지 초침처럼 달려'나 '시침 분침 너희도 초침을 따라 달려' 같은 긴 이름을 가진 사람들에게도 같은 말을 해 주고 싶어. 너무 열심히 살지 말라고. 오늘 할 일 내일로 미뤄도 된다고.

사람의 수명은 왜 늘었을까?

옛날이야기 하나 해 줄까. 옛날 옛적 어느 마을에 할아버지와 할머니가 살았어. 금슬 좋은 부부였어. 두 사람은 한날한시에 죽기로 맹세했어. 그런데 할아버지가 먼저 죽고 말았어. 할머니는 따라 죽었을까. 따라 죽었어.

요즘 이야기도 하나 해 줄까. 서울 변두리 어느 동네에 할아버지와 할머니가 살았어. 금슬 좋은 부부였어. 두 사람은 한날한시에 죽기로 맹세한 적이 없어. 끝.

왜 자전거는 초보운전 딱지를 붙이지 않을까?

자전거는 자동차보다 연약하다. 그러니 자전거가 보이면 자동차는 당연히 조심조심 움직일 것이다. 그러니 딱지를 붙일 필요가 없다. 이런 3단 믿음 때문일까.

당연히는 없다.

당연히 그럴 거라는 믿음이 사고를 부르고 후회를 낳는다. 세상엔 당연한 배려도 당연한 친절도 당연한 희생도 없다. 부모가 자식을 사랑하는 그 당연한 본능도 때로는 계산 빠른 지능 뒤로 밀린다. 어쩌면 부모가 그럴 수 있지? 호들갑 떨 것 없다. 그럴 수 있다. 당연한 모든 것은 당연하지 않다. 하늘 아래 당연한 게 있다면 그건, 당연한 모든 것은 당연하지 않다는 문장뿐이다.

자전거엔 초보운전 딱지 붙일 공간이 없다고? 운전자 등짝이 있다. 마라톤 선수처럼 등짝에 딱 붙이고 달리면 된다.

끙, 이게 무슨 소리일까?

시작은 아내였다. 그날도 아내와 나는 같이 한잔했고 나는 쓰러지려 하는데 아내는 추리닝을 입고 운동화를 신는다. 오늘 더한 살은 오늘 뺀다. 그녀의 고독한 철학이다. 먹어도 살이 붙지 않는 남편이라는 동물은 그녀 눈엔 세상 불공평의 증거다. 이제 그녀는 성내천을 한 바퀴 돌며 세상 불공평과 싸울 것이다. 그런데 그날 그녀는 달랐다. 한숨으로 출발하지 않았다. 어디서 긍정 에너지를 얻었는지 주먹을 가볍게 쥐어 보이며 이 한마디를 내뱉었다.

끙!

힘들지만 해내겠다는 다짐이다. 나의 다짐을 너희가 응원해 달라는 요청이다. 나와 딸은 그녀의 요청을 받아들였고, 그날 이후 '끙'은 우리 가족만이 이해할 수 있는 새로운 말이 되어 버렸다.

딸의 연애가 암초를 만났을 때도 끙!
엄마가 나이를 헤아리다 우울해할 때도 끙!
아빠가 작업실로 비실비실 걸어 들어갈 때도 끙!

가족 채팅방에서도 '우리 딸 아침에 피곤해 보이던데 점심 맛있는 거 먹어요' 스물두 글자 대신 '끙' 한 글자로 교신한다. 집집

마다 이런 말 하나씩 만들어 '집말(家語)'이라 이름 붙이면 어떨까. 같은 밥 먹고 같은 꿈 꾸는 가족이라면 대문 밖에 사는 사람들은 모르는 비밀 같은 말도 하나쯤 있어야 하지 않을까. '집밥'처럼 든든한 힘을 주지 않을까.

나는 '끙'이라는 말을 들을 때마다 순도 높은 일체감 같은 걸 느낀다. 내가 혼자가 아니라는. 그깟 말 하나가 묘한 위로가 된다는.

나는 직선인가 곡선인가?

처음부터 직선도 없고 끝까지 직선도 없다. 한번 곡선은 영원한 곡선이라는 말도 없다. 모든 삶은 직선과 곡선을 넘나든다. 긴장해야 할 땐 팽팽한 직선. 이완해야 할 땐 헐렁한 곡선. 내가 나를 하나의 선으로 규정해 버리면 평생 그 선 안에 갇혀 살아야 한다. 그것은 울타리 없는 감옥이고 끝나지 않는 종신형이다.

나는 뜨겁고 차갑다.
나는 가볍고 무겁다.
나는 빠르고 느리다.

내 안에 두 개의 내가 살고 있음을 인정해야 한다. 두 개의 내가 하루씩 또는 한나절씩 나를 나눠 갖는 건 혼란스러운 일이 아니라 지극히 자연스러운 일이다. 만약 내 안에 내가 하나만 살고 있었다면 세상은 까무러치게 지루했을 것이다.

비행기를 사고 싶은데 돈이 없다면?

종이 한 장을 사서 종이비행기를 접는다. 종이비행기도 비행기다. 기름 한 방울 먹지 않는 무공해 비행기다. 추락해도 사람이 죽지 않는 무결점 비행기다. 내일은 종이배로 변신할 수도 있는 슬기로운 비행기다.

부러우면 지는 거라는 말에 찬성하지 않는다. 전용 비행기 가진 자를 부러워해야 종이비행기라도 접는다. 종이비행기를 꾹꾹 접으며 더 큰, 더 빠른, 더 화려한 비행기를 상상한다. 내 이름을 붙인 비행기가 황홀한 속도로 북태평양을 건너는 모습을 상상한다. 북태평양 고래 떼가 물 밖으로 튀어 올라 내 비행기에 손을 흔드는 모습을 상상한다. 다음엔 북태평양을 통째로 사야겠다고 마음먹는 나를 상상한다.

상상하지 않으면 만질 수도 없다. 경계해야 할 것은 부러움이 아니라 부러움이 초라함까지 가는 것이다. 부러움은 꿈에 접근하는 꽤 씩씩한 에너지원이다.

스무고개 한번 할까?

동물이야.
사람!

어머나, 정답이야. 귀신이네. 어떻게 알았니? 몰랐어. 틀릴 걸 각오하고 말한 거야. 열아홉 번 네 머릿속을 탐색하고 마지막에 답을 말했는데 그게 정답이 아니면 그대로 꽝이잖아. 내가 아는 동물과 네가 알 법한 동물의 교집합을 찾았어. 그것을 차례로 말하려고 했어. 운 좋게도 첫 번째가 정답이었던 거지.

인생은 스무고개 같은 것 아닐까. 열아홉 번 틀려도 되는 게임. 딱 한 번만 정답을 맞히면 박수 받는 게임. 행여 틀린 답 내놓을까 두려워 주어진 시간 대부분을 탐색에 쓴다면 저지를 기회는 점점 줄어들지. 정답을 맞힐 확률도 점점 떨어지지. 주저주저하다 보면 무엇이든 할 수 있는 나이에서 아무것도 할 수 없는 나이가 되고 말아. 자, 스무고개 한 번 더 할까.

식물이야.
잡초!

날라리보다 잘 노는 18가지 방법은?

❶

수소문해서 날라리를 찾아내라. 하루 종일 졸졸 따라다니며 그 또는 그녀가 노는 것을 지켜보라. 가까이에서 보면 별것 없다. 크게 잘 논다는 생각이 안 든다. 그 순간 날라리에 대한 환상은 사그라지고 너는 날라리보다 잘 노는 사람이거나 최소한 날라리만큼 노는 사람이 된다.

❷

놀이기구엔 바이킹이나 공깃돌이나 화투만 있는 게 아니다. 손 뻗으면 닿을 거리에 있는 모든 것이 놀이기구다. 마스크가 손에 닿았다면 그것을 가지고 놀아라. 그것을 가지고 뭘 하며 놀 것인지, 그걸 발명하는 것도 은근히 재미있는 놀이다.

❸

'놀다' 뒤에 '주다'를 붙이지 마라. 오늘은 둘째랑 놀아 줬어. 대단한 시혜라도 베푸는 양 던지는 이 한마디가 그 시간을 지루하게 만든다. 둘째라고 너랑 놀고 싶을까. 자꾸 놀아 준다고 말하면 네가 늙었을 때 둘째는 너랑 놀지도 놀아 주지도 않는다.

❹

시간표, 계획표, 일정표 제발 짜지 마라. 잘 놀고 싶다면 시간에서 도망가고 계획에서 벗어나고 일정에서 탈출하라. 나는 오늘 오후 4시 29분에 재미있을 예정임. 이런 말은 없다.

❺

이 책이랑 놀아라. 이 책엔 웬만한 놀이보다 재미있는 글이 가득하다. 놀면서도 진지한 표정을 지을 수 있어 학구적인 사람으로 위장할 수 있다. 이득이다. 단 친한 친구에게는 이 책을 선물하지도 빌려주지도 마라. 그 친구도 재미를 안다. 이득도 안다. 너 혼자 놀게 된다.

❻

다리가 부러져 병실에 누웠을 때도 쉬지 말고 놀아라. 입원실 천장이랑 놀아라. 링거 수액 떨어지는 간격이랑 놀아라. 간호사 인상이 주삿바늘 고통에 미치는 영향을 분석하며 놀아라. 퇴원하면 같이 놀 수 없는 것들이다. 노는 걸 참아야 할 곳은 없다. 미뤄야 할 때도 없다.

❼

텔레비전이랑 놀고 싶으면 기꺼이 텔레비전 속으로 들어가라. 텔레비전은 바보상자라며 혀를 차는 그 사람도 너 몰래 리모컨 붙들고 산다. 놀이의 시작은 남의 시선을 의식하지 않는 것이다. 재미의 시작도 같다.

❽

건강이 허락한다면, 체력이 받쳐 준다면, 미성년자가 아니라면 술이랑 놀아라. 왜 그래야 하는지는 설명하지 않겠다. 솔직히 말하면 이것을 1번에 두고 싶었다.

❾

어질러라. 뒷정리 신경 쓰지 말고 어지럽게 놀아라. 정리, 정돈, 질서 같은 말에 맹종하는 습관이 들면 노는 게 부실해진다.

❿

'놀다'의 반대말을 물으면 '일하다'라고 대답하지 마라. 놀이와 일을 불구대천 원수로 여기는 건 놀 줄도 일할 줄도 모른다는 자백이다. 일도 놀이다. 놀면서 돈도 챙기는 짭짤한 놀이다. 일을 놀이의 포기라고 생각하는 순간 뇌도 멈추고 재미도 멈춘다.

⓫

사랑에는 돈이 든다. 평화에도 돈이 든다. 노는 일에도 당연히 돈이 들겠지. 돈 아끼지 말고 놀아라. 돈과 재미를 과감하게 맞교환하며 놀아라. 저축 놀이 같은 건 재미없다.

⓭

뒤집는 놀이. 이것도 참 재미있다. 모든 사물을, 모든 현상을 확 뒤집어 다시 보라. 북두칠성도 90도 180도 270도 비틀고 뒤집어라. 비틀고 뒤집는 순간 보이지 않던 귀한 것이 보인다. 예를 들어

볼까. 공을 180도 뒤집으면 운이 보인다. 공은 둥글다는 말이 왜 나왔는지 알게 된다.

⓬

12번과 13번 순서를 뒤집어 봤다. 너는 몰랐다. 나는 재미있다.

⓮

타임머신이랑 놀아라. 타임머신 타고 훨훨 날아가 앨프리드 히치콕도 만나고 구로사와 아키라도 만나라. 남들 다 만나는 제임스 카메론 만나는 것과는 또 다른 재미가 있다. 20세기 100대 영화, 까짓것 리스트 만들어 다 먹어 치워라. 남이 간 길을 졸졸 따라가면 재미는 다 주워 가고 없다.

⓯

화장실에서 놀아라. 하루 10분. 1년이면 60시간. 90년 산다면 5,400시간이다. 힘만 주고 앉아 있기엔 아까운 시간이다. 오늘 치 10분을 다 써서 거기서 평생 뭘 하고 놀지 찾아라.

⓰

같이 놀 사람이 없어 심심할 때도 혼자 놀지 마라. 고개 들면 별이 있고 달이 있다. 고개 숙이면 채송화도 있고 봉숭아도 있다. 그들과 친구 먹고 놀아라. 그들은 너랑 같이 있는 게 따분해도 이 말만은 하지 않는다. 너랑 안 놀아.

⓱

위험한 놀이는 피하라. 위험한 놀이에는 어떤 것이 있을까. 5초 내에 답을 내놓지 못한다면 그런 놀이는 없는 거다. 전쟁에도 놀이가 붙으면 위험하지 않다. 피해야 할 것은 위험한 놀이가 아니라 놀이를 피하려는 위험한 생각이다.

⓲

잘 놀았다. 이 글을 쓰면서 열여덟 번 잘 놀았다. 너에게 잘 노는 법을 알려 주는 척하며 내가 잘 놀았다. 미안하다. 나 혼자 놀면 재미가 덜할 것 같아 너의 눈을 잠시 이용했다.

얼지 않는 물이 있을까?

강을 향해 성큼성큼 잘 흐르던 물도 한겨울엔 얼어붙는다. 다시는 올챙이들의 간지러운 속삭임을 들을 수 없을 것처럼 꽁꽁 얼어붙는다. 그러나 조급할 것 없다.

흐르다.
얼다.
멈추다.
녹다.
흐르다.

흐르는 모든 물은 이 윤회를 겪는다. 물이었던 얼음은 날 풀리면 다시 물이 된다. 다시 물이 되어 강을 향해 씩씩하게 흐른다. 어떤 강을 향해 흐르더라도 그 길에 겨울 몇 개는 있다.

여기까지, 물을 꿈으로 바꿔 다시 읽어 보라.

당신의 국어는 안녕하신가?

배고파. 힘들어. 서러워. 외로워. 괴로워. 두려워. 어려워. 지겨워. 우울해. 답답해. 복잡해. 피곤해. 한심해. 귀찮아. 지쳤어. 아, 왕짜증.

당신이 자주 쓰는 국어인가. 오늘 하루도 이 중 서너 개를 사용했는가. 오늘 사용하지 않은 것은 내일 사용하려고 아껴 뒀는가. 그런데 말이지, 이 모든 말을 다 더해도 50자가 안 된다는 사실을 아는가. 당신이 아는 국어는 수십만 개 아닌가. 수십만 개 중에는 '고마워'라는 말도 있지 않은가.

없음이 만드는 문제가
있음이 만드는 문제보다 클까?

누가 교통사고를 낼까. 면허증이 있는 자가 교통사고를 낸다. 면허 시험에 열두 번 낙방한 자는 운전석에 앉을 생각을 하지 않는다. 누가 이혼을 할까. 아내나 남편이 있는 자가 이혼을 한다. 혼인신고 한번 해 보지 못한 자는 이혼 법정에 설 수 없다. 누가 은행을 털까. 복면이 있는 자가 은행을 턴다. 복면도 권총도 없는 자는 등받이 없는 은행 의자에 앉아 하루 종일 번호표만 만지작거린다. 누가 레드카드를 받을까. 실력이 있는 자가 레드카드를 받는다. 벤치에 앉은 후보 선수는 경고를 받을 일도 퇴장당할 일도 없다.

있음은 생각보다 많은 문제를 만든다.
돈이 있음. 시간도 있음. 이 두 개의 있음은 어떤 문제를 만들까.

1%와 99%는 어떻게 다를까?

너는 대답한다.

1%는 0%에 가깝고 99%는 100%에 가깝다. 하나는 왼쪽 끝, 하나는 오른쪽 끝에 위치한 머나먼 확률이다. 아무리 팔을 길게 뻗어도 닿지 않는 사이다.

나는 대답한다.

둘 다 100%는 아니다. 둘 다 0%도 아니다. 둘 다 저지를 수 있는 확률이고, 저질러도 되는 확률이고, 저지르기를 무수히 시도한 확률이다. 우리 조상이 확률 99% 이상일 때만 일을 저질렀다면, 너와 나는 오늘도 팬티 하나 입고 정글에서 나무를 타고 있을 것이다.

너는 조용하다.

쥐가 고양이를 극복하려면?

일단 쥐구멍을 시멘트로 처발라 없애야 한다.
퇴로가 사라져야 뒷다리보다 앞 발톱이 먼저 움직인다.

몸은 취하더라도 말은 취하지 않을 수 없을까?

술이 혀에 닿으면 어쩔 수 없이 말이 취한다. 취한 말은 귀를 찾지 못하고 허공을 둥둥 떠다닌다. 허공하고 하는 대화가 재미있을 리 없다. 말이 취하지 않으려면 어떻게든 혀를 피해 술을 몸 안으로 밀어 넣어야 하는데 이게 쉬운 기술은 아니다. 그렇다고 방법이 아주 없는 건 아니다. 링거로 술을 섭취하면 된다. 간호사는 팔뚝에 주삿바늘을 꽂으며 이렇게 말하겠지. 고객님, 소주 한 병 들어갑니다.

제법 진지하게 내 말을 듣던 너는 링거 이야기가 나오자, 이게 무슨 춘향이 인당수에 몸 던지는 소리냐며 어이없어한다. 더는 못 들어 주겠다며 이 말을 하고 만다.

술을 끊어!

물론 가장 현명한 답일 수 있다. 그러나 내 질문과는 거리가 먼 답이다. 내 질문에는 '몸은 취하더라도'라는 말이 들어 있었다. 너와 내가 늘 부실한 답을 내놓는 건 문제가 어려워서가 아니라 문제를 꼼꼼히 살피지 않아서.

인간이 만들지 못하는 것이 있을까?

비가 내린다. 우산을 편다. 주위를 둘러본다. 꽃도 나무도 개미도 지렁이도 우산을 펴지 않는다. 우산이라는 물건을 만들어 쓰는 건 인간뿐이다. 인간이라는 동물은 비에 젖는 것을 끔찍이 싫어한다. 그래서 비를 거부하는 우산을 만들었다. 우산에서 멈추지 않았다. 비옷을 만들고 처마와 차양을 만들고 그것도 모자라 일기예보까지 발명했다. 박수 짝짝짝.

인간이 만들지 못하는 것이 있을까. 어둠이 싫어 전기를 만들고, 밥때 놓치기 싫어 시계를 만들고, 걷기 싫어 자동차를 만든다. 죽기 싫은 인간을 위해 사는 약을 만들고, 살기 싫은 인생을 위해 죽는 약도 만든다.

싫으면 만든다.

그렇게 수백수천 년. 만들 것은 다 만든 것 같은데 더 만들 것이 있을까. 딱 하나 있다. 바로 인간이다. 사실 이해가 안 간다. 길을 막고 아무 인간에게나 물어보라. 가장 싫어하는 것이 무엇인지. 열이면 열 인간이라고 대답할 것이다.

인간이 싫은 이유를 나열하자면 이 책 한 권을 다 써도 모자랄 것이다. 말이 없어서 싫고 말이 많아서 싫다. 나이가 어려서 싫고 나이가 많아서 싫다. 가난해서 싫고 부자라서 싫다. 그냥 싫다. 괜히 싫다. 지구에 80억 인간이 산다면 싫은 이유는 80억 개 이상일 것이다. 싫으면 만드는 인간이 왜 새로운 인간은 만들지 않는 걸까. 두 발 달린 로봇을 만들었다지만 그건 인간의 탈을 쓴 기계일 뿐.

생각이 꼬리에 꼬리를 물다가 문득 이런 꼬리를 밟았다. 이미 만들지 않았을까. 20세기 말 스톡홀름에 사는 한 늙은 과학자가 인간 만들기에 성공하지 않았을까. 정말 그랬다면 이 놀라운 발명이 왜 알려지지 않았을까. 20세기 스톡홀름으로 가 봐야겠다.

저기, 그 늙은 과학자가 보인다. 아인슈타인을 닮았다. 그는 동양 사람 정철을 싫어한다. 똑똑해서 싫단다. 싫으면 만든다는 인간의 공식에 따르기 위해 그는 인간 만들기에 착수한다. 그가 만들어 내야 하는 건 우둔한 정철이다. 실패. 또 실패. 열아홉 번 실패가 이어진다. 더는 못 하겠다. 그때 그의 머리에 떠오른 건 똑똑한 정철의 말이었다.

포기하고 싶다는 건 거의 다 왔다는 신호다.

그는 인간 정철을 싫어했지만 이 말엔 왠지 수긍이 갔다. 속는 셈 치고 딱 한 번 더 시도하기로 했다. 스무 번째 시도였다. 그런데 이걸 어째, 덜컥 성공해 버렸다. 포기하고 싶었던 건 정말 거의 다 왔기 때문이었다. 그는 그가 만든 우둔한 정철을 껴안고 찔찔 울었다. 이제 됐다. 이제 됐다. 이제 인간이 만들지 못하는 것은 없다.

그런데 찔찔 눈물도 잠시, 싫은 게 다시 생겨 버렸다. 새로운 정철이 싫다. 우둔해서 싫다. 똑똑함이 싫어 우둔함을 만들었는데 우둔함이 싫으니 이제 어찌해야 하나. 또 만들어야지. 다시 똑똑한 정철을 만든다. 다시 우둔한 정철을 만든다. 그의 인간 만들기는 끝나지 않는다. 다람쥐 쳇바퀴에 올라탄 그는 이 치열한 발명이 의미 없는 짓이라는 것을 깨닫는다. 결국 그는 그가 만든 정철을 생활 폐기물 버리는 곳에 다 버렸다. 노벨위원회엔 그의 발명을 알리지 않았다.

꼬리를 놓고 현실로 돌아왔다. 스톡홀름의 그 늙은 과학자. 분명 성공했는데 왜 실패했을까. 결국 이 말이 문제였을 것이다.

싫으면 만든다.

좋아서 하는 짓과 싫은데 억지로 하는 짓은 의욕에서 효율에서 결과에서 큰 차이가 있다. 만드는 일보다 먼저 해야 할 일은 좋아하는 일이다. 좋아하는 짓을 할 때 머리도 손발도 하늘의 도움도 매끄럽게 작동한다. 인간이 인간을 좋아하는 날, 그날이 인간 만들기에 성공하는 날일 것이다. 언제일지 모르지만.

작은 집은 정말 작을까?

 그대가 아는 가장 작은 집을 떠올려 보라. 떠올렸는가. 지난여름 동해안에 놀러 갔다가 우연히 들여다본 그 집인가. 그 안에 누가 살고 있었는가. 세상에서 가장 큰 것이 살고 있지 않았는가. 세상에서 가장 큰 것이 사는 곳이 작을 리 없다.

사람보다 큰 것은 없다.

물이 이길까, 바람이 이길까?

물은 돛단배를 데리고 동쪽으로 가려 했다. 바람의 협조를 받고자 했다. 그런데 바람은 물의 계획에 관심이 없었다. 바람은 서쪽 세상이 궁금했고 궁금한 쪽으로 달렸다. 바람 따라 배도 살랑살랑 서쪽을 향했다. 바람이 이겼다. 물이 졌다.

바람은 바닷가 돌멩이가 좋아 보였다. 산에도 동글동글한 돌멩이가 있었으면 했다. 틈만 나면 산으로 달려가 돌멩이를 문지르고 흔들었다. 그러나 바람은 돌멩이 모서리를 깎지 못했다. 산에는 여전히 동글동글한 돌멩이가 없다. 물이 이겼다. 바람이 졌다.

무승부.

내가 잘하는 종목은 내가 이기고, 네가 잘하는 종목은 네가 이긴다. 내가 못하는 종목까지 이기려 들면 잘하는 종목마저 놓친다. 이겼을 때 크게 웃고 졌을 때 가볍게 웃고. 그렇게 웃고 살면 삶에 무리가 없다. 길게 보면 결국 비긴다.

울면 안 된다고 말하는 산타는 울지 않을까?

산타도 운다. 루돌프가 속도를 너무 올려 선물 몇 개를 대서양에 퐁당 빠뜨렸을 때 운다. 굴뚝을 타려고 지붕에 올랐다가 도둑으로 몰려 경찰서에 끌려갔을 때 운다. 산타의 존재를 믿지 않는 아이들이 더 이상 벽에 양말을 걸지 않았을 때 운다. 외로워도 슬퍼도 울지 않는 건 캔디뿐이다.

왜 나는 울면서 너는 울면 안 된다고 노래할까. 우는 게 아이들인데, 울어야 아이들인데, 왜 우는 아이에겐 선물을 주지 않을까. 관성일까. 편견일까. 수십 년 묵은 강의 노트를 목숨처럼 붙들고 산다는 어느 늙은 교수 얼굴이 오버랩된다. 그 얼굴에 하얀 수염 붙이고 빨간 모자 씌우면 영락없는 산타 몰골일 것이다.

은퇴할 때가 된 것 같다. 신임 산타를 찾아야 할 것 같다. 착한 아이 나쁜 아이 따지지 않고 선물을 주는 산타. 구멍 난 양말에도 선물을 넣는 산타. 여름에도 가을에도 존재감을 과시하는 산타. 눈이 와도 비가 와도 할 일을 미루지 않는 산타. 이런 산타를 찾아야 하는데 잘 생각해 보면 이미 우리 곁에 있다.

택배 아저씨를, 택배 아주머니를, 택배 총각을 산타라 부르면 어떨까. 내가 주문한 신발도 내가 나에게 주는 선물이니까. 무거운 짐이 조금은 가벼워지지 않을까. 무거운 걸음이 조금은 경쾌해지지

않을까. 오늘부터 현관 앞에 택배가 놓여 있으면,

어머, 산타가 다녀가셨네!

고개를 든 가로등을 보았는가?

　가로등은 고개 숙임이다. 낮에도 밤에도 고장 나 빛을 잃었을 때도 묵묵히 고개 숙임이다. 그 자리에 처음 선 날부터 철거되어 물러나는 순간까지 하늘 한 번 보지 않는 완전한 고개 숙임이다.

　사람은 고개 듦이다. 낮에도 밤에도 목의 각도를 꺾지 않는 고개 듦이다. 땅에 돈이 떨어졌다는 말이 들리지 않으면 죽는 날까지 고개 듦이다. 사람은 겸손도 겸양도 겸허도 모르는 목을 가졌다.

　한밤중. 고개 숙임과 고개 듦이 스치듯 만난다. 서 있던 자는 서 있고 지나가던 자는 지나간다. 아무 일 없는 것처럼 보이지만 실은 아무 일이 있었다. 고개 숙임이 빛을 내렸기에 고개 듦이 돌부리에 걸려 넘어지지 않았다. 넘어져 머리가 깨지지 않았다. 구급차가 달려오지 않았다. 가족들이 응급실로 달려가지 않았다. 응급실에서 수술실로 옮겨지지 않았다. 수술실을 나온 의사가 말없이 고개를 떨구지 않았다.
　아무 일이 아니라 엄청난 일이 있었는데 둘 다 고개 각도가 바뀌지 않는다. 감사를 바라지 않는 마음과 감사를 모르는 마음은 그렇게 만났다 헤어졌다.

책방 주인은 책을 알까?

책방 주인은 말한다.

책에도 향기와 가시가 있습니다. 하지만 장미처럼 노골적으로 그것을 드러내지는 않습니다. 누가 그를 찾을 때까지 꼿꼿이 서서 또는 가만히 누워서 기다립니다. 향기도 감추고 가시도 감추고 묵묵히 기다립니다. 귀가 다가올 때까지 말을 참는 것. 장미가 배워야 할 묵직한 심성입니다. 아니, 입이 날쌘 우리 모두가 배워야 할 심성입니다.

책은 말한다.

내게 묵직한 심성을 배우라고요? 내 겉모습만 보신 겁니다. 나는 표지를 넘기는 순간부터 조잘조잘 말이 많아집니다. 묵직함의 반대말이 나입니다. 겉 다르고 속 다른 대표적인 무생물이 나입니다. 그렇다면 이상하지요. 표리부동한 나를 왜 자꾸 읽으라고 할까요.

겉 다르고 속 다르다는 말을 공격의 언어, 비난의 언어로 이해하지 마십시오. 겉은 부드러워도 속은 강직한 사람. 겉은 헐렁해도 속은 꽉 찬 사람. 멋지지 않습니까. 내게 배워야 할 것이 있다면 그건 묵직한 심성이 아니라 겉 다르고 속 다른 태도입니다. 내 안에 있는 것 전부를 밖으로 내보내면 나는 텅 빈 사람이 되고 맙니다.

1은 누구랑 친할까?

2랑 친하다. 3이랑 친하다. 4랑 친하다. 5랑 친하다. 5를 밟고 4를 밟고 3을 밟고 2를 밟고 올라가야 1이 되는 건 아니다. 2와 3과 4와 5를 적으로 두면 1이 될 수도 없고, 된다 해도 그곳에 오래 머물 수 없다.

1이 왜 날씬할까.
군살이 없어서. 남의 밥을 뺏어 먹지 않아서.

어디서부터가 하늘일까?

내 머리 위만 하늘일까. 내 무릎 근처도 하늘이다. 채송화에겐 내 무릎 근처도 고개 들어 올려봐야 하는 하늘이다. 내 눈은 생각보다 높은 곳에 달려 있다.

같은 질문이다.
어디서부터가 행복일까.

키를 한 뼘 낮추면 행복의 높이는 한 뼘 올라가지 않을까. 채송화를 닮은 눈이 가장 행복한 눈 아닐까.

어떻게 살아야 할까. 어떻게 죽어야 할까. 인생을 알려 준다는 철학관을 찾고 싶을 때가 있다. 그런데 신내림 받은 무당도 싫고, 동자가 몸속으로 들어갔다는 박수도 싫다. 나랑 같은 얼굴을 하고 같은 말을 쓰는 사람 중에 인생을 보는 눈이 깊은 사람. 그런 사람을 찾고 싶었다.

귀동냥으로 한 곳을 찾았다. 그 집 대문엔 '무허가 철학관'이라는 간판이 붙어 있었다. 만약 '용한 철학관'이나 '백발백중 철학관'이라고 쓰여 있었다면 나는 문을 열지 않았을 것이다. 무허가라는 말에 끌렸다.

4 무허가 철학관 방문기

왜 무허가 철학관이죠?

문을 빼꼼 열고 얼굴만 넣은 채 물었다. 서른을 갓 넘었을까. 그 또래의 흔한 캐주얼을 입은 여자가 또 그 질문이냐는 표정으로 심드렁하게 대답했다. 반말이었다.
너는 인생을 누구 허락받고 사니? 네 인생이니 네 마음대로 살지 않니? 인생이 무허락이고 무허가인데 인생을 들여다보는 눈도 무허가라야 쿵짝이 맞지. 족집게 과외 같은 신통방통한 곳을 기대했다면 돌아가고, 세상 눈치 보지 않는 자유로운 말을 들어 보겠다면 냉큼 문 닫고 들어와.

왜 반말입니까.

몸 전체를 문 안으로 밀어 넣으며 어렵게 물었다. 어렵게 물었는데 너무 쉽게 대답이 돌아왔다. 너도 반말해.
자, 반말이 오간다는 게 무슨 뜻일까. 예의, 존중, 존경 같은 형식 다 벗어던지고 본질에 집중한다는 뜻이야. 존댓말을 하면 상대를 자꾸 보게 돼. 내 존대가 얼마나 먹히는지 눈치를 보는 거지. 아이들이 예쁜 짓을 하고 엄마 반응을 살피는 것과 같아. 그러지 말자는 거야. 묻는 사람도 답하는 사람도 시선을 오롯이 인생에 주자는 거야. 곁가지엔 신경 끄자는 거야. 동의한다면 저기 저 방으로 들어가 방석에 앉아.

나도 눈이 맑을 때가 있었을까?

방석에 앉아 방 안을 쭉 둘러봤다. 세상에, 그곳은 철학관이 아니라 도서관이었다. 사방 벽이 빈틈없이 책으로 채워져 있었다. 방 안엔 그 흔한 부적 하나 보이지 않았다. 부채도 엽전도 딸랑딸랑 소리 나는 요란한 방울도 없었다. 오로지 책이었다. 이 정도 책은 읽어 줘야 인생을 들여다보는 영험이 생기는 걸까. 내 앞길이 안개 낀 국도처럼 늘 흐릿했던 이유가 독서량 부족 때문이었을까. 그녀가 방으로 들어오며 별거 아니라는 듯 말했다.

만화책이야. 동화책이고.

그랬다. 자세히 보니 그 많은 책이 죄다 만화책이고 동화책이었다. 독서량 부족은 들키지 않을 것 같아 안도했다. 만화책 읽을 나이는 지난 것 같다고 하자 그녀가 처음 웃었다.
인생을 제대로 보려면 눈에 때가 끼지 않아야 해. 너도 나도 눈이 맑을 때가 있었어. 그때 그 눈으로 인생을 살피려면 가장 경계해야 할 일이 뭘까. 철이 드는 거지. 인생? 철학? 운명? 다 별거 아니야. 그냥 아이 눈으로 세상을 보면 다 보여. 탐욕의 눈, 집착의 눈, 허세의 눈으로는 아무것도 볼 수 없지. 그러니 틈나는 대로 읽어야 해. 만화책. 동화책.

나무가 좋아, 파도가 좋아?

그녀의 첫 질문이다. 첫 질문치고 꽤 엉뚱한 질문이다. 생년월일 같은 것부터 물어야 하지 않나? 모르겠다. 물어야 할 이유가 있으니 물었겠지. 나는 추리 영역으로 들어갔다.

왜 나무, 파도 같은 자연을 꺼냈을까. 자신의 역술이 무공해임을 과시하려는 걸까. 경직 풀고 자연스럽게 대화하자는 신호 같은 걸까. 그것도 아니면 내 고향이 산자락인지 바닷자락인지 알아보려는 유도 심문 같은 걸까. 아니겠지. 추리가 과속을 한 것 같다.
브레이크를 천천히 밟으며 한자를 생각해 봤다. 나무는 목(木), 파도는 물이니 수(水). 이거다. 내가 나무를 좋아한다 하면 목요일이 길일이라 할 것이고, 파도를 좋아한다 하면 수요일이 길일이라 하겠지. 로또를 사든 이사를 하든 그날 하라고 하겠지. 너무 쉽게 돈 버는 거 아냐?
내 추리가 그럴싸해 나도 놀랐지만 어쨌든 둘 중 하나를 골라야 한다. 그녀는 내 입 떨어지는 것만 기다리고 있다. 바닷자락이 고향인 나는 파도가 좋다고 대답했다. 그녀는 고개를 끄덕이더니 파도 무늬가 그려진 찻잔에 차를 내왔다. 아, 민망하고 뻘쭘했다.
선입견이다. 철학관이 하는 모든 질문은 인생행로와 관련 있을 거라는 근거 없는 믿음이 내 머릿속에 예단을 주입했다. 선입견이 예단을 만들고 예단이 참사를 낳은 것이다.

선입견은 도화지 위에 물로 그린 밑그림이다.

눈에 잘 보이지 않는 그림이다. 그래서 나는 빈 도화지에 그림을 그린다고 믿는다. 그러나 나도 모르게 밑그림의 영향과 통제하에 놓인다. 36색 크레파스를 가졌다 해도 밑그림이 선점한 도화지엔 내가 담고 싶은 풍경을 담을 수 없다. 아까 철학관 문을 열고 들어올 때 선입견은 문밖에 두고 왔어야 했다.

나는 대화라는 걸 한 적이 있을까?

생각해 보면 나는 대화라는 걸 한 적이 거의 없다. 어렸을 때도 그랬고 지금도 다르지 않다. 말과 말이 부지런히 오갔지만 대화에 이르지는 못했다.
자유롭게 질문하라는 선생님의 말에 나는 자유롭게 질문하지 못했다. 칠판 앞에서 꼼짝 않는 선생님과의 거리가 질문을 막았다. 용기 있게 건의하라는 선임 하사의 말에 나는 용기 있게 건의하지 못했다. 푸른 모자에 붙은 두툼한 계급장이 건의를 막았다. 편안하게 물어보라는 의사의 말에 나는 편안하게 묻지 못했다. 위엄인지 위압인지 모를 그의 하얀 가운이 내 입을 막았다. 입이 일을 하려 하면 귀가 닫혀 있었고 귀가 일을 하려 하면 입이 딴청을 피웠다.

오늘은 느낌이 다르다. 그녀는 내 앞에, 나랑 똑같은 10센티 높이 방석에 앉았다. 이 방엔 올려다보는 사람도 내려다보는 사람도 없다. 그녀와 나 사이에는 벽도 담도 그 흔한 앉은뱅이책상 같은 것도 없다. 질소와 산소가 뒤섞인 공기가 우리 대화를 엿들으려고 숨을 죽이고 있을 뿐이다. 방 안에 바람이 불 리 없으니 공기가 흔들려 대화를 뒤틀거나 왜곡할 리도 없다.

> 어느 한쪽이 위에 서지 않는 대화.
> 위압도 없고 주눅도 없는 대화.
> 입과 귀 외에 다른 어떤 것도 개입하지 않는 대화.

적어도 오늘 나는 그런 대화를 할 수 있을 것 같다. 그녀가 반말을 시작한 것도 존대를 삭제함으로써 높이를 맞추기 위함이었는지도 모른다.

내 안에는 내가 몇 퍼센트 살고 있을까?

사실 나는 내가 누구인지 알고 싶어서 이곳을 찾았다. 세상에 휩쓸리느라 자꾸 나를 놓친다는 생각이 가시지 않아서. 나만 그럴까. 다른 사람도 다 그렇다는 말을 듣는다면 위로가 될 것 같았다. 그녀에게 물었다. 나를 투시할 수 있는지. 그녀는 내게 위로와 숙제를 함께 주었다.

모든 나는 내 것과 내가 아닌 것들로 이루어져 있어. 내가 아닌 것들은 손끝에도 붙어 있고 입안에도 들어 있어. 머릿속에도 내가 아닌 것들이 수북해. 100% 나로 이루어진 나는 없어. 그런데 내가 나를 대하는 태도는 조금씩 달라. 어떤 나는 내가 아닌 것들을 하나씩 떼어 내는 삶을 살고, 또 어떤 나는 내가 아닌 것들을 끊임없이 데려와 나에게 붙이는 삶을 살아. 100% 나로 살기는 어렵더라도 80% 나로는 살아야 하지 않을까. 20% 나로 살면 슬프지 않을까. 그녀는 내 질문 주위를 빙빙 돌면서도 내가 몇 퍼센트 나로 살고 있는지는 딱 잘라 말해 주지 않았다.

너, 일기 쓰니?

나는 일기를 쓰지 않는다. 하루를 매듭지으며 쓰는 게 일기인데 나의 하루 매듭은 거의 술이다. 취중 일기는 건강에 좋지 않다. 그냥 안 쓴다고 하면 될 것을 요즘은 안 쓴다고 대답했다. 그걸로 알량한 자존심을 지킨 걸까.
일기에는 '나'라는 주어를 쓰지 않아. 첫 줄에서 마지막 줄까지 온통 내 이야기이니 주어를 밝힐 이유가 없지. 인생이 아주 긴 하루라면 이 일기에도 나라는 주어를 쓸 필요가 없겠지. 그런데 그렇게 쓰고 있을까. 혹시 내 긴 하루를 남이 주어로 나서는 이야기로 채우고 있지는 않을까. 그렇다면 그게 내 일기일까. 그게 내 인생일까.

너는 어때? 네가 맞아?

이혼하고 싶지?

내가 나 맞는지 고민하는데 그녀가 불쑥 물었다. 이걸 왜 묻지? 이곳을 찾는 내 또래 대부분이 이혼 고민을 들고 온다는 뜻일까. 물론 나도 이혼을 생각한 적 있지만 생각을 진척시킨 적은 없다. 아니라고 분명히 대답해야 한다. 세상일 모른다. 이곳 대화가 아내 귀에 들어갈 수도 있다. 내 대답이 늦어지자 그녀는 자신이 썼다는 시 한 편을 읊기 시작했다.

행복해지고 싶었다.
결혼했다.
행복하지 않았다.

행복해지고 싶었다.
이혼했다.

철학관 주인도 시를 쓰는데 나는 뭘 하고 살까. 시 비슷한 걸 끼적거린 게 언제였더라. 그녀는 나의 반성문 따위엔 관심 없다는 듯 따박따박 물었다. 문장 흐름에 오류가 있니? 시의 완성도 같은 것 따지지 말고 문장 흐름에 오류가 있는지 그것만 말해. 있어? 없어? 남의 눈은 내 행복을 진압할 권리가 없어.
그녀의 짧은 시는 한 점 오류도 없었다. 그렇다고 이혼하고 싶은 마음이 몽실몽실 부풀지는 않았다. 여전히 나는 진보적인 척하는 보수다. 이혼을 피하고 싶은 마음이 이혼하고 싶은 마음을 늘 이긴다. 그래서 실패라는 말을 꺼냈을 것이다.

어쨌든 이혼은 결혼의 실패 아냐?

실패라 할 수 있지. 한 번 넘어진 거니까. 그런데 그게 뭐 어때. 실패는 실격이 아니야. 물론 실패(失敗)와 실격(失格)은 같은 실(失) 자를 써. 하지만 그뿐이야. 실(失) 자를 같이 쓴다고 절망의 크기까지 같은 건 아니지. 같은 광(光) 자를 쓰는 광주(光州)와 광양(光陽)이 같은 도시는 아니잖아. 실패했더라도 일어서면 돼. 광주에서 실패했다면 광양에서 일어서면 돼.

그래도 인생의 후퇴잖아?

아니, 그 말엔 찬성할 수 없어. 뒤로 가는 모든 길이 후퇴는 아니야. 전진에는 앞과 뒤 두 방향이 있어. 진정 용기 있는 자는 이 길이 아니다 싶으면 체면 생각, 본전 생각 다 내려놓고 뒤로 전진하지. 앞도 방향이고 뒤도 방향이야.

그녀는 이혼권장협회에서 파견된 사람처럼 굴었다. 그렇다고 내가 결혼수호협회 회장처럼 굴 수는 없는 일. 나는 고개를 두어 번 끄덕이는 걸로 이쯤에서 이 대화를 끝내자고 했다. 전진에는 앞과 뒤 두 방향이 있다는 그녀의 말이 한동안 내 귀에 머물렀다.

집을 넓혀도 될까?

준비해 온 3단계 질문 중 첫 번째 질문을 먼저 던졌다. 그녀의 허락이 떨어진다면 다음 단계 질문들을 이어서 내보낼 요량이었다. 어디로 옮기는 게 좋을까. 언제 옮기는 게 좋을까.
어디 보자. 그녀는 내 얼굴을 찬찬히 뜯어본 후 되물었다. 너 초등학교 다닐 때 대통령이 박정희였지? 내가 고개를 끄덕이자 그녀는 단호하게 말했다. 그럼 집 넓혀 갈 나이는 지났어. 나이와 집이 무슨 상관인데? 상관있지. 아주 크게 상관있지.

나이를 먹을수록 관계는 줄어들어. 만날 사람도 줄어들고, 만날 이유도 줄어들고, 만나는 횟수도 줄어들고. 관계가 줄어들면 세상과 나 사이 간격은 커지지. 손을 뻗어도 잡히는 게 없어. 나랑 놀아 주는 건 나밖에 없어. 자주 울고 싶지.
젊을 땐 일과 싸우고 사랑과 싸우지만 나이가 들면 간격이 만든 허전함과 싸워야 해. 그런데 집을 넓히면 어떻게 될까. 벽과

벽 사이 간격이 커지겠지. 그 사이에 댕그렇게 네가 앉아 있어. 너는 갈수록 쪼그라드는데 공간은 오히려 팽창한다면 그 허전함을 네가 견딜 수 있을까. 죽기 직전의 박정희를 생각해. 청와대라는 집이, 궁정동 안가라는 집이 얼마나 넓었겠어. 어쩌면 박정희는 허전함에게 당한 건지도 몰라.

나이를 먹을수록 집 넓히는 일에 신중해야 해. 더 적극적으로 말한다면, 나이를 먹을수록 집을 좁혀야 해. 간격이니 허전함이니 이런 말이 어지럽다면 그냥 이 말만 할게. 너, 청소 잘해?

꿈 해몽할 수 있니?

수술방 3호실. 의사가 무당 옷을 입고 있었어. 팔소매를 따라 내려오는 빨강파랑노랑 색동이 어지러웠어. 깃이 달린 모자는 너무 작았어. 머리끝에 간신히 붙어 있다고 할까. 우스꽝스러웠어.

딸랑딸랑 방울 소리가 들리자 의사가 춤을 추기 시작했어. 의사 손에 달린 날렵한 칼도 수술대에 누운 내 눈 위에서 춤을 췄어. 춤은 서툴렀어. 일정한 리듬을 갖지 못했어. 땅을 차는 의사의 버선발이 흙을 튕겼어. 빨강파랑노랑 색동 흙이었어. 흙에 색깔이 있다는 게 신기했어. 하얀 소복을 입은 간호사가 내 눈에 흙이 들어가지 않게 열심히 수비를 했어. 의사 뒤 연신 손바닥을 문지르는 아내 모습이 얼핏 보였다 사라졌어.

방울 소리에 징 소리가 더해지자 춤은 격렬해졌어. 모자는 이미 튕겨 나갔어. 의사 턱끝에 매달린 땀방울 하나가 내 눈을 조준했어. 조마조마. 설마설마. 그러나 망설임 따위는 없었어. 그대로 발사했어. 내 손은 포박되어 있었어. 내 눈도 포박되어 찔끔 감을 수도 없었어. 간호사는 흙 튀는 걸 막느라 땀을 놓친 것 같았어. 다시 보니 한 방울이 아니었어. 굵은 물줄기가 나를 목표하고 달려오고 있었어. 물이, 눈을, 덮쳤어.

무슨 꿈일까.

너 눈 수술 계획 있지? 자, 내 말 잘 듣고 수술 결과를 점쳐 봐. 의사를 믿지 않는 환자가 수술대 위에 누웠어. 기장을 믿지 않는 승객이 비행기를 탔어. 산타를 믿지 않는 아이가 양말을 걸었어. 무당을 믿지 않는 어머니가 굿을 했어. 결과가 어떨까. 믿지 못하는데 좋은 결과를 기대할 수 있을까.

    너무 많은 경계.
    너무 많은 의심.
    너무 많은 불안.

꿈이 말했어. 네 안에는 이런 것들이 오밀조밀 살고 있다고. 이들과 이별하는 연습이 필요하다고. 경계와 의심과 불안을 몽땅 치우라는 게 아니야. '너무 많은'과 이별하라는 거야.

눈이 둘인 이유는?

눈 수술 이야기는 자연스럽게 이 질문으로 이어졌다. 너, 눈이 왜 둘인지 아니? 아직 '너무 많은 경계'와 이별하지 못한 나의 대답은 '너무 많은 의심'이었다. 한쪽 눈 수술이 잘못되더라도 내일 아침 해 뜨는 건 봐야 하니까. 그녀는 나쁘지 않은 대답이라는 표정을 지은 후 철학관 주인이 아니라 철학과 교수처럼 답을 말했다.
해도 보고 달도 보라고, 밝음도 보고 어둠도 보라고, 영광도 보고 상처도 보라고, 햇볕 잘 드는 양지에 오래 앉아 있으면 음지는 보지 못하는 외눈박이가 되고 말아.

생각해 봤다. 내가 앉은 곳이 양지인지 음지인지. 이곳에 얼마나 오래 앉아 있었는지. 음지에 눈을 준 적 있는지. 갑자기 한쪽 눈이 침침해지는 것 같았다. 뭔가 께름칙한 구석이 있는 게다. 물론 상처에 시선 주기를 즐겨 하는 사람은 없다. 그러나 상처를 나 몰라라 외면하면 내가 과하게 누리는 영광을 당연한 나의 성취로 받아들이게 된다. 내가 한 걸음 양지쪽으로 들어가면 누군가는 한 걸음 음지쪽으로 밀려난다는 사실도 외면하게 된다.
위를 한 번 볼 때 아래를 두 번 보라고 했다. 그래야 인생을 보는 눈에 균형이 잡힌다고 했다. 신은 그의 뜻에 충실하게 응답하지 못하는 내 눈 하나를 곧 회수할지도 모른다.

발동이 걸렸을까. 그녀는 연쇄 질문을 했다. 연쇄 대답도 했다. 손이 둘인 이유는? 손 하나로는 손을 모을 수 없으니까. 손을 모으지 않으면 이 두 가지 아름다운 일을 할 수 없으니까.

너를 위해 박수.
나를 위해 기도.

어깨가 둘인 이유는? 어깨 하나는 사랑하는 사람에게 주라고. 남은 어깨 하나는 생존에 지친 사람에게 주라고. 귀가 둘인 이유는 말 안 해도 알지? 입이 하나인 이유를 잘 생각해 보면 귀가 둘인 이유를 알 수 있어.

손금은 왜 손바닥에 붙어 있을까?

탁구를 잘 치면 테니스도 잘 친다고 했던가. 그녀의 해몽에 만족한 나는 내 손금이 들려주는 나의 미래 이야기도 듣고 싶었다. 손을 내밀까 말까 고민하며 손금도 봐 주는지 물었다. 그녀는 혀를 차며 말했다. 질문이 틀렸어. 이렇게 물었어야지.

손금은 왜 손등이 아니라 손바닥에 붙어 있을까.

왜 그런지 궁금해한 적 없어? 궁금해한 적 없는데 궁금해한 적

없냐고 물으니 지금 막 궁금해졌어. 자, 손바닥 일루 줘 봐. 그녀는 거리낌 없이 내 손을 잡았다. 찌릿 전기 같은 건 없었다. 운명을 좌우한다는 손금이 요 손바닥에 붙어 있는 건, 내가 만지는 것이 내 운명을 결정하기 때문이야.

요 손바닥은 꽃을 만질 수도 있어. 칼을 만질 수도 있어. 꽃의 운명과 칼의 운명이 같을 수는 없지. 꽃을 만지는 손은 운명도 향기로울 것이고, 칼을 만지는 손은 운명도 아찔할 거야. 네 손바닥은 지금 내 손을 만지고 있어. 운이 아주 좋은 손바닥이지 히히. 잡다와 만지다는 어감이 다르다. 얼굴이 살짝 붉어질 뻔했다.

손금 따위는 볼 필요가 없다는 거지? 이 손바닥으로 무얼 만질 건지, 그것만 신경 쓰라는 거지? 빙고! 정해진 운명은 없어. 네가 만지는 것이 너의 운명이야.

이 글을 읽는 그대의 손바닥은 지금 꽃보다 아름답고 칼보다 날카로운 것을 만지고 있다. 달려가 큰절하고 싶은 손바닥이다. 책을 쓴 작가 눈엔.

내가 가진 것 중에 버릴 것은 없을까?

지갑 꺼내 봐. 그녀가 명령했다. 거침없는 그녀 말투에 어느새 길들여졌는지 나는 순순히 지갑을 꺼내 그녀와 나 사이에 놓았다. 벌써 복채 달라는 뜻은 아니겠지. 뭐가 들어 있어? 뭐가 들어 있냐고 묻는 건 하나씩 꺼내라는 명령이다.

신분증 하나. 명함 몇 장. 현금 조금. 신용카드 둘. 가족사진 한 장. 그리고 또 뭐가 있을까. 평소에 들여다본 적 없는 깊은 곳까지 뒤졌는데 더는 없다. 이게 내가 가진 전부다. 지갑을 나온 내 전부가 방바닥에 어지럽게 놓였다.

하나를 버린다면 뭘 버릴 거야?

어려운 질문이다. 이럴 땐 반문을 하라고 배운 것 같다. 왜 버려야 하는데? 인생은 버리는 거야. 잘 버려야 인생이 무겁지 않지. 선뜻 버리고 싶은 게 없었다. 신분증과 명함은 나를 증명하는 것이니 버릴 수 없고, 현금은 현금이니 버릴 수 없고, 신용카드도 거의 현금이니 버릴 수 없고, 아버지라는 사람이 가족사진을 버릴 수는 더욱 없다.

내 망설임이 길어지자 그녀는 방바닥에 놓인 것들을 하나씩 가리키며 말했다. 요건 요래서 안 되고 조건 조래서 안 되지? 그녀는 다 알고 있다. 그럼 이걸 버리면 되겠네. 그녀의 손끝이 가리키는 물건은 돈도 명함도 사진도 아닌 지갑이었다. 내 전부가 빠져나와 텅 빈 지갑.

아, 망치로 꽝 한 대 맞은 느낌. 왜 나는 지갑을 보지 못했을까. 네 귀퉁이가 다 닳아 당장 바꿔야지 생각했던 지갑. 오늘 아침에 바꿨다면 이미 쓰레기통으로 갔을 지갑.

버리는 일이 어려운 건 버릴 게 없어서가 아니라 버릴 것을 보지 못해서 아닐까. 이건 당연히 버려서는 안 되는 거야, 하면서 처음부터 목록에서 지워서가 아닐까. 그건 그렇고, 내게 현금이 얼마 없다는 걸 확인했으니 터무니없는 복채를 요구하지는 않겠지. 설마 카드도 받는다고 할까.

빌릴 수도 훔칠 수도 없는 건 무엇일까?

버릴 것 이야기를 했으니 이제 빌릴 것 이야기를 해 볼까. 넌 무엇을 빌릴 수 있니? 글쎄, 책도 빌릴 수 있고 차도 빌릴 수 있고 급할 땐 남의 손도 빌릴 수 있겠지. 큰돈이 아니라면 돈도 조금은 빌릴 수 있을 것 같고, 뭐 어지간한 건 다 빌릴 수 있지 않을까.
인생 잘 살았네. 그럼 빌릴 수 없는 건 뭘까. 그건 칫솔 아냐? 치약은 빌려 쓸 수 있지만 칫솔을 빌릴 수는 없잖아. 제법인데. 진도 더 나가도 되겠다. 이건 조금 어려운 질문인데, 빌릴 수도 훔칠 수도 없는 건 뭘까. 그것도 칫솔 아냐? 남의 칫솔을 훔치는 사람은 없잖아. 그건 훔치지 않는 거지 훔칠 수 없는 건 아니지. 아까 네 말대로 돈은 빌릴 수 있어. 훔칠 수도 있어. 돈에는 주인 이름이 적혀 있지 않거든. 돈을 쥐는 순간 누구나 주인 행세를 할 수 있거든.

빌릴 수도 훔칠 수도 없는 건 주인 이름이 적힌 거야. 아이 이름이 적힌 신발주머니, 아버지 어머니 이름을 나란히 새긴 문패, 이건희 아들 이재용의 명함 같은 것이 그것들이지. 빌릴 수도 훔칠 수도 없는 것들 중 가장 귀한 건 꿈일 거야. 우리나라에는 5천만 개의 꿈이 있고 꿈마다 주인 이름이 선명하게 적혀 있어.

네 꿈이 멋있어 보이는데 하루만 빌릴 수 있을까.

이런 말은 없어. 혹시 내 꿈이 부모나 친구에게서 빌려 온 건 아닌지, 영화나 드라마에서 훔쳐 온 건 아닌지 살펴봐야 해. 빌린 꿈은 어쩔 수 없이 반납해야 하고, 훔친 꿈은 소중한 시간으로 배상해야 하니까. 그녀는 나를 힐끔 보더니 한마디 덧붙였다.
너는 나이를 먹을 만큼 먹었으니 꿈도 많이 깊어졌겠다.
이제껏 나는 꿈 다음에 오는 말이 있다 없다 둘뿐인 줄 알았다. 늙으면 꿈이 사라지는 게 아니라 깊어진다는 말이 내 안에 오래 머물 것 같았다.

두 번 산다면 어떻게 살래?

생각해 본 적 없는 질문이다. 예수도 아닌 내게 그런 로또 같은 기회가 주어질 리 없다. 그렇다고 상상하는 것까지 말릴 수는 없겠지. 정말 내게 두 번의 삶이 허용된다면 목숨 두 개를 각각 어디에 줘야 할까.

하나는 지금처럼 글쟁이로 사는 데 준다 치고, 공짜로 얻은 다른 하나는 어떻게 써야 할까. 이과 쪽으로 훌쩍 건너가 화학쟁이나 물리학쟁이로 살아야 할까. 홍범도 장군처럼 이 한 몸 신념에 바쳐야 할까. 생각이 많아지면 대답은 멀어진다.

　　목숨 하나는 눈 딱 감고 사랑에 줘.

그녀는 생각을 내놓는 일에 주저하는 법이 없다. 내 말은 내가 책임진다는 마음이 말 속에 들어가면 말끝을 흐리지 않는다. 배워야 할 말법이다. 나라면 어떻게 말했을까. 같은 말을 이렇게 하지 않았을까.

　　나는 개인적으로 목숨 하나는 사랑에 줘야 한다고 생각해.

내 말은 내가 책임진다는 마음이 도망간 말이다. '개인적으로'라는 말은 혹시 있을지 모르는 뒷감당을 회피하려고 말 속에 슬쩍 끼워 둔 비겁한 장치 같은 것이다. 그녀의 말법과 대조되는 말법이다.

내가 목숨 전문가는 아니지만, 이라는 말로 그녀는 말을 이었다. 가능하면 첫 번째 목숨을 사랑에 줘. 사랑이 상처로 끝난다 해도 두 번째 목숨이 다시 있으니 크게 서럽지는 않을 거야. 두 번째 삶이 시작되면 이번엔 사랑 말고 어디에 줄까 고민하겠지. 사랑보다 더 뜨거운 무엇을 찾겠지. 시간은 좀 걸리겠지만 그런 건 없다는 걸 알게 돼. 결국 목숨 두 개 모두를 사랑에 주게 되지. 목숨 모두를 사랑에 준 사람의 마지막 모습은 어떨까.

고요하지 않을까.
평화롭지 않을까.

너는 지금 첫 번째 목숨을 살고 있는 것 같은데 그거 누구에게 주고 있니?

실수를 눈감아 주는 건 어떤 심리일까?

그녀에게 양해를 구하고 잠시 화장실에 갔다. 수건걸이에 수건을 걸다가 그만 바닥에 떨어뜨렸다. 실수였다. 수건 절반이 물에 젖었다. 양손으로 힘껏 비틀어 물을 내쫓았지만 젖은 수건에서 벗어날 수는 없었다. 아무 일 없었던 척 화장실을 나와 방으로 들어갔다. 방에 앉은 그녀가 화장실에서 일어난 일을 알까. 궁금했는데 곧바로 궁금증이 풀렸다.

실패와 실격 이야기는 조금 전에 했으니
이제 누구나 다 한다는 실수 이야기를 해 볼까.

이 한마디에 궁금증이 풀렸다. 수건 일을 변명하지는 않았다. 누군가 내 실수에 눈을 감는다면 그건 나에게 너그러운 게 아니라 자신에게 너그러운 거야. 나도 실수를 하니 너의 실수를 눈감아 줄게. 이런 마음이지. 쉽게 말하면 통치자는 거야. 나는 실수할 수 있지만 너는 실수하면 안 돼. 이런 마음 곁에 머물 친구는 없어. 그러니까 실수 한두 번에 주눅 들 것도 없고 너그러운 마음에 감읍할 것도 없어.

오늘 이 자리에서도 내가 너에게 저지른 생각실수, 말실수가 한 트럭은 될 거야. 너는 그것을 못 들은 척 넘어가 줬지. 덕분에 나는 다음 이야기를 꺼낼 수 있었고. 까탈스러움이 가면 까탈스러움이 오고 너그러움이 가면 너그러움이 오지.
내가 꺼낼 다음 이야기는 뭘까. 긴장할 것 없어. 젖은 수건 이야기는 아닐 거야. 내 눈엔 그녀가 소크라테스와 노스트라다무스를 섞어 만든 사람처럼 보였다.

사랑과 우정의 공통점은?

그녀가 책 한 권을 툭 던져 줬다. 만화책도 동화책도 아니었다. 벽돌처럼 생긴 그것은 국어사전이었다. 사랑과 우정의 공통점을 찾을 수 있겠어? 나는 언제부턴가 그녀를 거역하는 법을 잊었다.

사랑. 아끼고 위하며 한없이 베푸는 마음.
우정. 친구 사이의 정.

뜻풀이를 들여다봤는데 단 한 글자도 일치하지 않았다. 말의 뜻에서 공통점 찾기는 글렀다. 이번엔 두 단어의 생김새를 살폈다. 공통점이 하나둘 보이기 시작했다. 두 글자로 된 말이다. 첫 글자엔 받침이 없고 두 번째 글자엔 받침이 있다. 두 번째 글자 받침은 공히 이응이다.

매서운 관찰이고 유쾌한 발견이야. 사랑과 우정을 책으로 배운다면 이보다 훌륭한 답을 내놓을 수 없어. 그런데 찜찜하지 않니? 사랑과 우정의 겉만 핥은 것 같지 않니? 왜 내가 사전을 던져 줬을까. 책으로 인생을 살피는 건 한계가 있다는 걸 알려 주고 싶어서야. 사전은 일단 회수할게.

온몸으로 사랑을 앓아 본 사람은, 우정에 얻어터져 하루 종일 울어 본 사람은 어디에서 답을 찾을까. 어려움에서 찾지 않을까. 그것들이 얼마나 어려운지. 그 어려움이 어떻게 닮았는지.

완주가 어렵다.

이게 사랑과 우정의 공통점이야. 사랑은 건너도 건너도 또 나타나는 자존의 강 때문에 완주가 어렵고, 우정은 달리는 동안 딱 한 번 나타나는 시기의 언덕 때문에 완주가 어려워. 육상 경기로 치면 사랑은 허들 경기에 가깝고 우정은 마라톤에 가깝지. 누가 더 어려울까. 자존심 치우는 일? 시기심 버리는 일? 완주가 어렵다는 말을 들으니 어때, 도전이 마렵지 않아?

왜 미운 놈 떡 하나 더 준다고 할까?

출출하지? 그녀는 질문을 주고 대답을 듣기도 전에 이미 주방으로 건너갔다. 하얀 접시 위에 하얀 떡. 정갈해 보였고 맛있어 보였다. 만약 울긋불긋 화려한 접시였다면 먹고 싶은 마음이 달아났을지도 모른다. 그릇은 그릇의 일을 해야 한다. 품은 음식이 맛있어 보이게 하는 것이 그의 일이다. 그릇이 지나치게 화려하면 음식이 초라해 보일 수 있다. 음식을 이겨 먹으려 하는 그릇은 곧 찬장 깊숙이 감금된다.

떡 하나를 집어 들다가 미운 놈 떡 하나 더 준다는 말이 생각났다. 왜 그래야 하지? 미운 놈에겐 욕 하나 더 줘야 하지 않나? 순간 미운 얼굴 하나가 떠올랐다. 미움의 역사가 짧지 않은 놈이다. 놈을 떠올리면 어김없이 부아가 치민다. 누구라고 설명해도 모를 터이니 누군지는 밝히지 않겠다. 떡을 씹으며 놈을 같이 씹기로 했다. 떡 하나를 입에 넣었다. 씹었다. 신기한 일이 일어났다.
떡을 씹는 동안엔 욕을 내보낼 수 없었다. 입안 가득한 포만감에 화가 조금씩 누그러졌다. 배가 부르니 분도 웬만큼 풀렸다. 빵집 홍수에 떡집이 떠내려가지 않은 이유를 알 것 같았다.

그녀는 내 머릿속에 어떤 생각이 흐르는지 다 안다는 듯 말했다. 어때, 기분이 좀 나아졌지? 사람을 씹고 싶을 땐 이 떡을 씹어. 이곳에서 이분들 이름 입에 올리는 게 이상하게 들리겠지만, 떡님이 예수님이고 부처님이야.

인간을 가장 잘 아는 비인간은 누구일까?

그녀 허리춤에서 진동 소리가 들렸다. 그녀는 총잡이 권총 빼듯 날렵하게 스마트폰을 뽑아 속사포로 문자 한 방을 발사한다. 총구에 입김 부는 시늉을 한다. 스마트한 동작이었다. 그런데 동작과 달리 질문은 진지했다.

　　인간이 외롭다는 사실을 가장 잘 아는 비인간은 누구일까.

비인간이라는 말이 낯설어 대답하지 못했다. 바로 이 스마트폰일 거야. 너만 스마트폰을 보는 게 아니야. 스마트폰도 너를 보지. 스마트폰과 너는 지겹게 서로의 얼굴을 뜯어보지. 스마트폰에게 종이 한 장을 주고 너의 몽타주를 그리라고 하면 눈 감고도 외로움에 찌든 얼굴 하나를 그려 낼 거야. 스마트폰이 목격한 너는 늘 외로움이었으니까.
더 큰 편리를 위해, 더 큰 즐거움을 위해 스마트폰을 만들었다는 말은 거짓말이야. 인간은 외로워서 스마트폰을 만들었어.

친구를 만들 줄 몰라서 스마트폰을 만들었어.

인간이 손이 많이 간다는 사실을 가장 잘 아는 비인간은 진공청소기일 거야. 인간이 욕심덩어리라는 사실을 가장 잘 아는 비인간은 냉장고일 거야. 인간이 차갑다는 사실을 가장 잘 아는 비인간은 온돌침대일 거야. 이미 다 들켰어. 이제 인간은 인간이 만든 비인간 때문에 어디 숨을 곳이 없어.

그녀는 오늘 하루 중 가장 진지한 표정으로 말을 이었다. 문명은 야만을 따돌리고 달리는 게 신이 나 과속할 수 있어. 문제는 과속을 타일러야 할 우리들이야. 문명의 속도에 과한 박수를 보내는 우리들이야. 야만에서 멀어지는 게 아니라 인간에게서 멀어지는 문명이 자꾸 눈에 보여서 하는 말이야.

힘들 때 외우는 마법의 주문 같은 게 있을까?

절반은 카피라이터. 절반은 작가.

나는 내 소개를 이렇게 해. 그런데 카피라이터로 사는 것도 힘들었고 작가로 사는 것도 힘들었어. 생각을 찾는 일도 힘들었고, 찾은 생각을 글로 옮기는 일도 힘들었고, 어렵게 생산한 글을 휴지통에 버리는 일도 힘들었어. 힘들었다고 어제 일처럼 말했는데 오늘도 힘들어. 내일도 힘들겠지.

왜 힘들까. 왜 나만 힘들까. 남들에겐 힘을 주는 약 같은 게 있는 걸까. 힘들 때마다 그걸 꺼내는 걸까. 나는 꺼낼 것이 없어 힘든 걸까. 혹시 내게도 약이 있는데 그것이 어떻게 생겼는지 몰라 못 꺼내는 건 아닐까. 꺼낼 게 없는 게 아니라 꺼낸 적이 없는 건 아닐까.

내 안에 뭐가 있을까. 내가 있겠지. 다른 무엇이 살고 있을 리 없지. 그래, 나는 힘들 때마다 내 안의 나를 꺼냈을 거야. 남들 안에는 뭐가 있을까. 역시 내가 있지 않을까. 나도 나를 꺼내고 그들도 나를 꺼내고, 같은 걸 꺼내는데 왜 나만 힘을 얻지 못했을까. 꺼내는 양에 문제가 있었던 건 아닐까. 나를 다 꺼내지 않았기 때문은 아닐까. 혹은 절반만 꺼냈기 때문은 아닐까.

꼬리를 문 질문이 여기에 미치자 내가 힘든 이유가 다 설명이 되었어. 이제 문제도 알고 답도 알아. 내 안의 나를 찔끔찔끔 꺼내지 않고 다 꺼내면 돼. 그것들이 나를 위로할 테니까. 응원도 할 테니까. 그런데 꺼내는 방법을 모르겠어. 흉부외과를 찾아 가슴을 열어 달라고 할 수도 없고, 혹시 내 안의 나를 다 꺼내는 마법의 주문 같은 건 없을까.

그녀는 독백 같은 내 긴 고백을 끝까지 들어 줬다. 그리고 내 이름을 물었다. 참 빨리도 묻는다. 그녀는 내 이름을 듣자마자 그것을 집어넣은 짧은 주문을 외웠다.

정철하라.

이게 마법의 주문이야. 내 입으로 내 이름을 부르는 거야. 이름 뒤에 '하라'를 붙여 동사로 바꿔 부르는 거야. 평생 명사로 살아온 나는 깜짝 놀라겠지. 무슨 일이지? 왜 내가 갑자기 동사가 됐지? 이게 도대체 무슨 조화인지 알고 싶어서 내 안의 모든 내가 우르르 밖으로 나오겠지. 알아서들 밖으로 나오니 힘들이지 않고 꺼낼 수 있어. 내 안의 나를 다 꺼내면 그것들이 마구 나를 도울 거야. 모든 나는 내 편이니까.

그랬다. 나는 나를 동사로 만들어 쓴 적이 없다. 평생을 명사로 꽁꽁 묶어 두었다. 명사가 고임이라면 동사는 움직임이다. '정철하라'는 내 안에 있는 나를 다 꺼내어, 내가 모르는 나까지 다 꺼내어 지금 내가 하는 일에 남김없이 투입하라는 주문이다. 혹은 명령이다. 내 안에 있는 보이지 않는 나는 내가 경험한 나보다 훨씬 강할지도 모른다.

내 편을 다 꺼내지 못해 늘 힘든, 늘 외로운 그대에게도 마법의 주문이 필요하다면,

    최진영하라.
    박한솔하라.
    이승현하라.

선물은 어떻게 골라야 할까?

내일이 내 딸 생일인데 어떤 선물을 하면 좋을까. 내 딸이랑 얼추 비슷한 나이로 보여 조언을 구하려는 거야. 묻고 나니 참 생뚱맞은 질문이다. 아니, 바보 같은 질문이다. 철학관에서 딸아이 선물을 묻다니. 딸이 어떤 일을 하면 좋을지, 조심해야 할 것은 없는지, 결혼은 언제 할지, 아니 결혼을 하기는 할지, 뭐 이런 걸 물었어야 했는데. 그녀가 그만큼 편해진 걸까. 모르겠다. 일단 질문을 던졌으니 끝까지 가 봐야지. 나는 내 머릿속에 든 상식을 이것저것 꺼내며 질문을 이어 갔다.

남들이 다 좋다고 하는 선물을 고르면 어떨까. 그게 선물의 정석 아닐까. 책은 어떨까. 책이 해로운 물건일 리 없으니 실패하지는 않겠지? 그녀가 말을 받았다. 고슴도치에게 책을 선물하면 어떨 것 같아? 나는 고개를 끄덕였는데 그녀는 고개를 가로저었다.

하루라도 책을 읽지 않으면 입안에 가시가 돋는다고 했어. 안중근 어록에 있는 말일 거야. 그런데 고슴도치는 어떻지? 온몸이 가시야. 온몸이 책과 담 쌓고 산다는 증거야. 책과 담 쌓고 사는 녀석에게 담 너머로 책을 던져 주겠다는 거잖아. 고슴도치에게 책은 길에 나뒹구는 돌멩이 같은 거야. 녀석에겐 예쁘게 포장한 지렁이를 선물해야지.

너는 네 딸을 알아? 얼마나 알아? 어디까지 알아? 받는 이를 공부하지 않은 선물은, 주는 이의 마음만 흡족한 선물은 선물이 아니라 결례야.

몸이 문제일까, 마음이 문제일까?

이 질문은 할까 말까 망설였다. 넌 둘 다 문제야! 이런 편잔을 들을 것 같아서. 많이 망설이다가 일어설 때가 된 것 같아 더 참지 못했다. 그런데 입이 꼬여 내 의지와 다른 질문이 나오고 말았다.

몸이 먼저일까, 마음이 먼저일까.

몸과 마음은 위아래가 없어. 하나야. 서로 의지하며 살지. 몸이 힘들 땐 마음이 몸을 토닥토닥. 마음이 힘들 땐 몸이 마음을 쓰담쓰담. 그러니 누가 먼저랄 게 없어. 질문을 살짝 바꿔 볼까.

몸이 문제일까, 마음이 문제일까.

그녀는 내가 민망하지 않게 배려하며 내 입의 실수를 바로잡아 주었다. 고마웠다. 답은 간단해. 둘 다 문제야. 역시 이 대답이다. 이제 나도 그녀 머릿속을 들여다보는 통찰이 조금은 생긴 것 같다. 둘 다 문제인데 문제의 성격은 정반대야.

몸이 가장 싫어하는 게 뭘까. 움직이는 것. 몸은 하루 종일 그 자리에서 맴맴. 방구석에 틀어박혀 있거나 회의실에서 하품하고 있거나. 운동 부족. 체중 조절 실패. 비만. 당뇨. 고지혈증. 마음이 가장 어려워하는 건 뭘까. 제자리에 있는 것. 마음은 하루 종일 좋았다 싫었다. 뜨거웠다 차가웠다. 변덕이 죽 끓듯 하니 나도 내 마음을 몰라. 썸. 사랑. 갈등. 사랑. 갈등. 이별. 다시 썸.

> 몸은 움직이지 않아서 문제.
> 마음은 너무 열심히 움직여서 문제.

이 두 가지 문제를 한꺼번에 때려잡는 방법이 있어. 그건 음악 크게 켜고 쿵쿵 쾅쾅 춤을 추는 것. 미친 듯이 몸을 흔들어 마음이 흔들릴 틈을 주지 않는 것. 춤에 자신이 없다면 국민 체조도 좋아. 훌라후프도 좋아. 다 싫다면 운동화 갈아 신고 동네 한 바퀴라도.

나쁜 소문은 왜 빨리 퍼질까?

무허가 철학관. 만족했다. 대화도 편안했고 얻은 것도 많았다. 일어나며 이런 말을 했다. 여기가 왜 안 알려졌지? 줄 서서 번호표 받고 그래야 하는 거 아냐? 그냥 인사말이었다. 그런데 그녀는 가볍게 듣지 않았다. 소문이 나지 않은 이유를 조곤조곤 설명하기 시작했다. 방석을 물리고 일어난 나는 엉거주춤 서 있을 수밖에 없었다.

귀가 듣는다.
듣자마자 입으로 보낸다.
입이 열심히 성실히 신나게 일을 한다.

이것이 나쁜 소문이 빨리 퍼지는 3단계야. 이 3단계가 눈 깜짝할 사이에 진행되지. 그래서 나쁜 소문이 산 넘고 물 건너 쫙쫙 퍼지는 거야. 아쉽게도 좋은 소문은 게을러. 귀에 도착하면 시동 끄고 주저앉아 좀처럼 입으로 건너갈 생각을 하지 않아. 선택적 과묵에 돌입하는 거지. 그래서 우리 철학관이 알려지지 않은 거야. 내 입에서 나온 말 하나가 하루 안에 다시 내 귀에 들어온다면 그건 분명 남을 힐뜯는 말일 거야.

내 입이 열심히 성실히 신나게 일을 하면 무허가 철학관이 소문난 철학관으로 바뀌지 않을까. 잠시 이런 생각을 하다가 생각을 바꿔 먹었다. 그녀가 말한 선택적 과묵에 돌입하기로 했다. 서울 한복판에 이런 발랄한 철학관이 있다는 걸 나 혼자만 알고 싶어서. 다시 찾을 때 번호표 받고 줄 서기 싫어서.

5 위험한 질문

인류는 언제 멸망할까?

태양이 지구를 배신할 때?
멍청한 손가락이 핵 단추를 누를 때?
북극곰 시신이 남아프리카 끝에서 발견될 때?

하나하나 꼽다 보면 인류가 수십 개라도 남아날 것 같지 않다. 우리 모두가 호스피스 병동 복도 끝에 서서 마지막 말을 고민하며 살아야 할 것 같다. 아니, 들어 줄 귀가 없을 터이니 유언도 무의미한 중얼거림이겠지. 그런데 우린 어떻게 살고 있는가. 웃고 떠들고 먹고 마시고 심지어 꿈을 말하며 살지 않는가. 이상하지 않은가. 이상할 것 없다. 인류에겐 '설마'라는 아름다운 말이 있다.

설마 배신하겠어?
설마 누르겠어?
설마 남아프리카 끝에서?

설마는 사람을 잡는 말이 아니라 사람을 살리는 말이다. 무책임한 말이 아니라 슬기로운 말이다. 의심과 공포와 절망의 늪에서 인류를 수없이 구원해 온 노아의 방주 같은 말이다. 설마는 말한다. 내일을 걱정하는 데 오늘을 소비하지 말라고. 소를 잃지도 않았는데 외양간 고친다며 나무 베고 벽돌 쌓지 말라고. 자, 다시 묻는다. 인류는 언제 멸망할까.

설마가 멸망하는 날 인류도 함께 멸망한다.

청년들은 언제쯤 내 집을 가질 수 있을까?

모두에게 집 한 채씩 줄게.
대신 거북처럼 집을 등에 지고 다녀야 해.

대한민국 주택정책이 땅 부족을 핑계로 이렇게 말한다면 청년들은 어떤 반응을 보일까. 너도나도 그러겠노라 대답하지 않을까. 너도나도 헬스장 등록하고 등 근육 만들기에 돌입하지 않을까. 집을 지고 다니는 거나 집을 마련해야 한다는 부담을 지고 다니는 거나 무겁기는 한가지이니까.

미안하다. 질문과 대답이 따로 놀았다. 누가 대신 답을 주면 좋겠다. 답이 있다면.

인간이 만든 식물이 있을까?

딱 하나 있다. 우산꽃.

비가 오면 피는 꽃. 비가 그치면 지는 꽃. 하루에도 몇 번씩 피었다 졌다를 반복하는 꽃. 그런데 이 꽃은 한곳에 뿌리내리지 못하고 싸돌아다니는 습성이 있어 식물학자들도 이를 식물로 분류해야 할지 말지 고민이 깊다고 한다.

바보들. 한곳에 뿌리내려야 식물이라는 정의를 뒤엎으면 되는데. 식물을 발이 달린 것과 발이 없는 것으로 분류하면 되는데. 발이 달린 식물의 시작이 우산꽃이라고 식물도감에 써넣으면 되는데.

되는데.
되는데.
되는데.

같은 말을 세 번 했다. 그만큼 쉽지 않다는 뜻이겠지. 그래, 인간은 정답 흔드는 것을 극도로 싫어한다. 정답을 흔들면 권위도 흔들린다고 믿는다. 권위가 흔들리면 고분고분 질서도 무너진다고 믿는다. 그래서 오답이 보이는 족족 빨간 펜으로 사선을 긋는다. 새로운 답의 태동을 조기에 진압한다. 그런데 새빨간 진압군

만으로 정답의 제국을 수호할 수 있을까. 부질없는 짓이다. 모든 정답은 결국 새로운 답에게 자리를 내준다. 필연이다.

지구라는 아름다운 별에 사는 아름답지 않은 생물.

나는 인간을 이렇게 정의한다. 그러나 내 정의 역시 오래갈 거라고 생각하지 않는다. 이 아름다운 별에서도 뿌리내리지 못하고 자꾸 달이나 화성을 기웃거리는 게 인간이니까. 언젠가는 누군가가 인간을 이렇게 기록하겠지. 한때 지구에 살다가 지구를 완전히 망가뜨리고 지구 바깥으로 도주한 생물.

법은 사람이 만드는데
도덕과 윤리는 누가 만들까?

사람들이 만든다. 그런데 사람들이 사람에게 진다. 도리에 어긋나지만 불법은 아니라는 말에 사람들은 무릎을 꿇고 입을 다문다.

건전한 문화는 건전할까?

 축구가 시작되면 누가 가장 열심히 뛸까. 태극 마크를 단 선수가 가장 열심히 뛰고 치킨을 배달하는 선수가 그다음 열심히 뛴다. 축구공이 골키퍼를 뚫고 그물을 찢으면 누가 시키지도 않았는데 온 세상이 닭다리 들고 열광한다. 닭다리 싫어하는 사람들은 닭날개 잡고 열광한다. 이런 게 문화다. 대중의 쏠림이 문화다.

인식의 쏠림.
관심의 쏠림.
욕구의 쏠림.

 누구도 설계하지 않은 자연스러운 쏠림. 어떤 권위로도 때려 막을 수 없는 광활한 쏠림. 더는 '바른 문화', '건전한 문화', '정상적인 문화' 같은 근엄한 말이 귀에 들리지 않았으면 좋겠다.

과연 만장일치라는 게 있을까?

한 어부가 바다 끝을 붙잡고 울고 있었다. 눈물이 해수면을 흔들 만큼 펑펑 울고 있었다. 낚았어! 만장일치를 낚았어! 흥분이 과했을까. 방심이었을까. 낚았다고 외치는 순간 만장일치라는 물고기는 어부 손을 뿌리치고 허공을 치솟았다가 두 바퀴 반 회전을 보여 주며 바다로 입수해 버렸다. 물이 크게 튀지 않는 완벽한 입수 각도였다. 어부는 만장일치가 남기고 간 그 황홀한 손맛을 잊을 수 없어 저렇게 하염없이.

낚는 일은 누가 할까. 유혹은 지렁이가 하고, 꿰는 건 낚싯바늘이 하고, 잡아채는 건 낚싯대와 낚싯줄이 한다. 어부는 무엇을 할까. 지렁이를 훈련시키는 일, 바늘 끝을 날카롭게 벼리는 일, 낚싯대와 낚싯줄을 팽팽하게 묶는 일 모두 어부의 일이다. 낚은 물고기를 광주리까지 안전하게 안내하는 일 또한 어부의 일이다. 이 어부는 어부의 일에 소홀했다.

머리 위에서 종일 징징거리는 소리가 들리자 용왕은 낮잠을 잘 수 없었다. 그는 거북등 베개를 집어 던지고 바다 끝으로 달려가 어부에게 물었다. 너는 왜 우느냐. 만장일치를 낚았는데 아차 실수로 놓쳐 버렸습니다. 아시다시피 만장일치는 평생 한 번 만날까 말까 하는 물고기입니다. 손에 들어온 그 귀한 걸 놓친 게 분해 이렇게 집에도 못 가고 있습니다.

알았으니 그만 울라. 용왕은 물 아래로 미끄러져 들어갔다가 물고기 한 마리를 손에 쥐고 다시 나타났다. 이놈이 만장일치냐? 아니요, 그건 갈치이옵니다. 용왕은 쩝쩝거리며 물속으로 다시 기어 들어갔다. 도대체 어떻게 생긴 놈일까. 물고기 이마에 이름표를 붙이고 다니라고 해야겠어. 저 넙데데한 놈일까. 이놈이 만장일치냐? 아니요, 그건 넙치이옵니다. 이놈이 만장일치냐? 꽁치이옵니다.

용왕은 정직한 어부를 치하하며 물고기 삼 형제 모두 네가 가져가라 했을까. 아니, 눈을 씻고 찾아도 보이지 않는 물고기를 내놓으라고 떼쓰는 어부가 괘씸했다. 어부는 목 놓아 울기 전 배곯으며 아빠를 기다리는 식구들을 생각했어야 했다. 꽁치 한 마리라도 고맙게 받아 들고 집으로 갔어야 했다. 어부의 일을 그르쳤으면 아빠의 일이라도 했어야 했다. 용왕은 이 한심한 어부를 혼내주기로 했다. 물 밖으로 다시 나온 용왕 손엔 갈치, 넙치, 꽁치 대신 망치가 들려 있었다.

어쩌면 만장일치는 없는 물고기인지도 모른다. 완벽이 아니면 다 소용없다는 신념을 지닌 사람 눈에만 보이는 신기루 같은 건지도 모른다. 용왕도 일면식이 없다 하지 않았는가. 그럼 땅 위에 만장일치가 있을까. 땅 위에도 완벽한 완벽은 없다. 말은 돌아다니지만 실체는 없다. 살면서 우리가 만난 크고 작은 만장일치는 진짜 만장일치가 아니었을 것이다. 소수에게 희생을 강요한 무거운 만장일치. 아니면 소수 스스로 다수에 몸을 숨긴 부끄러운 만장일치.

연쇄 죽음을 목격한 적 있는가?

　낙화암에서 백마강으로 몸을 던진 삼천 궁녀의 죽음 같은 것이 연쇄 죽음이겠지. 그런데 그게 역사적 사실일 리도 없고, 설사 사실이라 해도 너와 내가 목격한 사실은 아니다. 희대의 악마가 나타나 연쇄 살인극을 벌인다 해도 그의 범행 현장을 우리 눈으로 확인할 길은 없다. 결국 우리는 연쇄 죽음을 목격할 수 없는 걸까.
　아니, 곧 보게 될지도 모른다. 사람의 죽음은 아니지만 오랫동안 사람의 사랑을 받던 것들의 연쇄 죽음. 첨단 기술에 목 졸려 서서히 눈을 감는 아날로그의 죽음.
　자판에 밀려나지 않으려고 안간힘을 쓰던 연필이 오늘도 하나둘 부러진다. 연필이 죽으면 누가 또 죽을까. 지울 일이 없으니 지우개도 죽겠지. 연필심이 닳을 리 없으니 연필깎이도 죽겠지. 필통도 죽겠지. 연필의 기록을 받아 내던 종이도 절반은 사망하겠지. 연쇄 죽음.

　나는 지금 이 글을 연필로 쓴다. 연필을 놓지 않음으로써 연필은 물론 그의 동료들 목숨까지 연장하고 있다. 그런데 나 혼자 이 일을 하려니 버겁다. 그대가 도울 수 있을까.

첨단 기술에 밀려, 인공지능에 치여 사라지는 것들에 잠시 묵념.

바보들은 돈을 어떻게 쓸까?

 가장 디자인하기 어려운 옷은 어떤 옷일까. 여름용 패딩일까 겨울용 반팔일까. 쉽지는 않겠지만 머리가 말랑말랑한 디자이너라면 계절을 뛰어넘는 발상을 할 것이다. 젖 먹던 상상력 다 동원하여 여름에 입는 겨울옷을, 겨울에 입는 여름옷을 만들어 낼 것이다.

어려워서 어려운 디자인은 없다

 진정 디자인하기 어려운 옷은 주문하는 사람 머릿속에만 존재하는 옷이다. 이를테면 호주머니가 열다섯 개 달린 심플한 옷. 말이 안 되는데 말이 된다고 우기는 옷. 물론 아까 그 머리 말랑말랑한 디자이너라면 이런 옷도 뚝딱뚝딱 생산해 내겠지. 그러나 그건 억지로 생산이다. 의욕이 만든 생산이 아니라 의욕이 뒤로 물러난 생산이다. 전문가에게서 의욕을 빼앗으면 뭐가 남을까. 옷은 사라지고 천 쪼가리만 남는다.
 전문가를 전문가로 인정하려 하지 않는 바보들은 오늘도 큰돈을 지불하고, 그 돈을 내가 전문가 머릿속으로 들어가도 되는 입장료쯤으로 착각한다.

의사인가 무사인가?

선거는 칼의 이동이다. 헌법에 등재된 국민의 칼을 정치인 손에 넘기는 일이다. 칼이 왔다 갔다 하는 위험한 주고받음이니 칼을 건네는 마지막 순간까지 눈 부릅뜨고 살피라고 한다. 내 칼을 대신 쥐려는 자가 의사인지 무사인지. 혹 의사 가운을 두른 무사는 아닌지.

의사의 칼은 생명을 살리지만 무사의 칼은 생명을 위협한다. 내 손을 떠난 칼이 180도 방향을 틀어 내 아이 생명을 노린다면 이 얼마나 끔찍한 일인가. 그래서 우리는 살핀다. 살기 위해 살핀다. TV 토론도 지켜보고 세상 떠돌아다니는 말도 들어 보고 하면서 꼼꼼히 살핀다. 마침내 우리의 침착한 지성은 의사와 무사를 가려낸다. 잘 가려냈는데 웬걸, 결론이 엉뚱하다.

남의 동네 의사는 안 됩니다.
차라리 우리 동네 무사로 갑시다.

신앙이다. 예수도 부처도 마호메트도 고개 절레절레 흔든다는 이 땅의 토속 신앙이다. 신앙의 힘은 칼을 이긴다. 내가 선택한 무사의 칼이 내 허벅지를 찔러도 아픈 줄 모른다. 아파도 참는다. 다음 선거 땐 허벅지에 붕대 감고 나와 장딴지를 내민다. 어쩌겠는가. 신앙인데. 연약한 연필로 신앙을 상대할 도리는 없으니 패스.

더 안타까운 건 내 칼을 길바닥에 내팽개치고 누가 가져가든 상관없다고 말하는 사람이다. 물론 그럴 수 있다. 기권도 당당한 의사 표현이니 그래도 된다. 대신 맛있는 권리 하나를 포기해야 한다. 정치를 욕할 권리. 정치의 비겁을, 배신을, 탐욕을 술안주 삼아 아작아작 씹을 권리. 그 통쾌한 권리와 이별해야 한다. 칼을 내던지는 순간 혀를 휘두를 자격도 사라지니까.

걱정이다. 술자리에서 정치 씹지 않으면 무얼 씹을지. 이것저것 씹을 거리 찾다 보면 안줏값에 허리가 휠 텐데.

밍크는 코트가 되고 악어는 가방이 되고 여우는 목도리가 되는데 사람은 뭐가 될까?

사자가 된다. 라이온 킹을 말하는 거냐고? 명사 사자가 아니라 동사 사자. 밍크코트 사자. 악어가방 사자. 여우목도리 사자. 소가죽구두 사자. 양가죽구두 사자. 스컹크 엉덩이로는 뭘 만들까. 뭘 만들든 내가 먼저 사자.

돈에 수명이 있을까?

나는 지난 책에 이렇게 썼다. 돈의 과거는 땀이어야 하고 돈의 미래는 꿈이어야 한다. 즉 땀이 벌고 꿈에 쓰는 물건이 돈이라는 게 내 진지한 생각이다.

돈에 과거 미래가 어디 있어. 많이 벌면 그만이지.
내 땀은 흘리지 않고 남이 흘린 땀 가로채려고
침만 칠질 흘리는 사람이 오히려 더 왕창 벌던데.

이렇게 반론하는 사람이 있을 것이다. 이 글을 읽는 그대도 땀이니 꿈이니 하는 추상적인 말보다 이 통렬한 반론에 더 크게 고개를 끄덕일지 모른다. 이해한다. 그러나 나는 이것이 반론이 아니라는 걸 안다. 우리 현실에 대한 깊은 한숨이라는 걸 안다. 세상은 저 한숨을 위로하지 못한다. 누가 해야 할까. 내가 해야겠지. 글을 시작한 내가 책임져야겠지.

물론 남이 흘린 땀을 가로챈 돈도 돈이다. 사임당이나 세종이 근엄한 표정을 짓고 있는 똑같은 한국은행권이다. 그러나 다르다. 수명이 다르다. 운명이 다르다. 같은 돈이지만 같은 돈이 아니다. 남이 흘린 땀을 가로챈 돈은 어둡다. 무겁다. 몸의 불편은 잠시 덜 수 있지만 마음의 불편은 오히려 커진다. 불편은 불만을 낳는다. 불만은 불안을 낳는다.

나, 돈 왕창 벌었어. 그런데 왜 이렇게 아픈 거야.
왜 하루하루가 지옥인 거야. 무슨 인생이 이래.

누가 하는 말일까. 불편, 불만, 불안이 하는 말이다. 이쯤 되면 침이 번 돈의 최후를 짐작할 수 있다. 병원이다. 침이 번 돈은 불편, 불만, 불안을 치료하는 병원비로 다 날아간다. 안타깝지만 건강보험 적용도 안 된다. 더 슬픈 건 돈 다 날리고도 완치가 안 된다는 것.
꿈에 쓰라고 했는데 그 이야기는 왜 하지 않느냐고? 할 필요가 없다. 땀이 번 귀한 돈을 허투루 쓰는 사람은 없다. 또 다른 책에서 나는 이렇게 말했다. 땀은 꿈으로 흐른다.

사촌이 땅을 사면 왜 배가 아플까?

 몰라도 된다. 알 필요가 없는 질문이다. 이제 사촌이 땅을 샀다는 이유로 배 아픈 세상은 끝났다. 한 집에 아이가 많아야 하나인데, 이모도 없고 고모도 없는데 사촌이 있을 리 없다. 사촌이 없는데 사촌이 땅을 살 리 없다.

아저씨는 아저씨일까?

나를 모르는 사람들이 나를 부르는 호칭은 선생님이다. 선생님 이쪽으로 오세요. 선생님 자리 금방 해 드릴게요. 선생님이라는 말에는 별 뜻이 없다. 어르신이라고 부르면 섭섭해할 것 같은 사람은 죄다 선생님이다. 그런데 며칠 전 나는 은행에서 새로운 호칭을 들어야 했다.

아버님, 도장 가져가셔야죠.

선생님과 어르신 사이에 아버님이라는 호칭이 있는 줄 몰랐다. 선생님이 끝나면 바로 어르신인 줄 알았는데 그 사이에 충격 완화 호칭이 있는 건 다행이라고 생각했다. 다행이긴 한데 나는 아직 선생님이고 싶다.

실체와 무관하게 호칭이 그 사람을 규정하기도 한다. 대화의 성패를 가르기도 한다. 별 고민 없이 부르는 아저씨, 아주머니가 그 사람 기분을 망칠 수도 있다. 아가씨라는 말이 불필요한 상상력을 자극하기도 한다. 꼬마라는 말을 지독하게 싫어하는 꼬마도 있다. 호칭이 빗나가면 이어지는 말은 독백이거나 소음이 되고 만다.

주사위를 던져 7이 나올 확률은?

제로다. 그래서 나는 주사위를 던질 때마다 실망한다. 6을 뚫고 더 높이 올라가고 싶은 욕망을 채울 수 없어 실망한다. 그런데 너는 주사위를 던질 때마다 감사한다. 왜 그러는지 물었더니 이렇게 대답한다. 주사위를 던져 0이 나올 확률도 제로라고. 하나를 얻든 둘을 얻든 빈손은 아니니 그것도 감사할 일 아니냐고.

이때 너와 나의 대화를 엿듣던 그가 한마디 거든다. 실망했더라도 감사하고 감사했더라도 한 번 더 감사하라고. 세상엔 던질 주사위조차 없는 사람도 있다고.

고개를 끄덕이다가 궁금한 게 생겨 버렸다. 그 사람의 주사위는 어디에 있을까. 주사위 여러 개를 손에 쥐고 인생을 사는 사람이 있는 건 아닐까. 있다면 그건 반칙 아닌가.

문장1과 문장2의 차이는?

문장1

역사는 시계추처럼 왔다 갔다 반복되는 게 아니라 시곗바늘처럼 빙글빙글 반복된다. 고점이 있고 꺾임이 있고 저점이 있고 반등이 있다. 그때그때 긴장과 기대가 교차하고 좌절과 환희가 교차한다. 호남평야처럼 평탄한 역사는 단 하루도 없다. 역사의 주인공은 저 높은 시계탑 꼭대기에 올라앉아 손을 흔드는 위인이 아니라 태엽을 들고 시계에 밥을 주는 사람이다. 너와 내가 이 일을 까먹지 않으면 역사가 고장 나 멈춰 서는 일은 없다.

문장2

인생은 시계추처럼 왔다 갔다 반복되는 게 아니라 시곗바늘처럼 빙글빙글 반복된다. 고점이 있고 꺾임이 있고 저점이 있고 반등이 있다. 그때그때 긴장과 기대가 교차하고 좌절과 환희가 교차한다. 호남평야처럼 평탄한 인생은 단 하루도 없다. 인생의 주인공은 저 높은 시계탑 꼭대기에 올라앉아 손을 흔드는 위인이 아니라 태엽을 들고 시계에 밥을 주는 사람이다. 너와 내가 이 일을 까먹지 않으면 인생이 고장 나 멈춰 서는 일은 없다.

나의 뇌 구조는 어떻게 생겼을까?

 단순 라인으로 그린 뇌 그림을 본 적이 있다. 머리 안에 작은 뇌 여러 개를 만화 터치로 그린 후 조각마다 관심사를 써넣은 그림. 그 사람의 뇌 구조를 숨김과 보탬 없이 까발리는 그림.

 이를테면 조폭 행동대원의 뇌는 각목 25, 연장 25, 튀어 50. 전당포 주인의 뇌는 돈 50, 돈 되는 것 50. 전당포 손님의 뇌는 돈 100. 이런 식이다. 목사님의 뇌 구조는 어떨까. 믿음 33, 소망 33, 사랑 33, 아멘 1. 이런 그림일까. 설마 뇌 한가운데에 가장 굵은 글씨로 헌금 51이라고 적혀 있지는 않겠지.

 나의 뇌 구조는 또 어떨까. 글쟁이에게 있어야 할 욕심들이 사이좋게 자리를 나눠 갖고 있을까. 이건 내가 이렇다 저렇다 주장할 수 없다. 뇌 그림은 남이 그려 주는 거다. 그래야 솔직하고 그래야 날카롭고 그래야 통렬하다. 내 그림은 그대가 그려 줬으면 한다. 이 책 마지막 페이지를 덮고 나면 나라는 사람을 웬만큼 파악할 테니까.

 철학에 따라, 욕심에 따라, 갈증에 따라 뇌 그림은 달라진다. 그런데 거의 모든 뇌에 똑같이 들어 있는 뇌 조각도 하나 있다. 보일 듯 말 듯 아주 자그마한 조각. 뇌 주인조차 그런 조각이 내 안에 살고 있다는 걸 지각하지 못하는 조각. 거기엔 편견이라는 두 글자가 적혀 있다. 그렇다. 누구나 지독한 편견 몇 개는 머리에 넣고 산다. 물론 방금 내가 쓴, 누구나 지독한 편견 몇 개는 머리에 넣고 산다는 문장 역시 편견일 수 있다.

이 좁은 지면에 세상 모든 편견을 다 데려올 수는 없는 노릇이니 여기선 부모의 편견 하나만 건드려 볼까 한다. 아이가 엄마 밖으로 나오는 순간 임무 교대하듯 부모 속으로 기어 들어가는 편견. 한번 들어가면 뇌 한구석에 똬리를 틀고 앉아 이대로 무덤까지 가자고 버티는 편견. 내 자식과 남의 자식은 다르다고 믿는 괴이한 편견.

물론 다르다. 내 자식과 남의 자식은 몸무게, 식성, 잠버릇 다 다르다. 그걸로 시비할 생각은 없다. 그런데 같은 행동에 다른 평점을 내놓는 편견에는 동의하기 어렵다. 이를 쉽게 풀어 설명할 능력이 내겐 없으니 편견이 하는 말을 직접 들어 보라.

남의 자식은 지지리도 공부를 못하는 아이지만
내 자식은 공부에 흥미가 없는 아이랍니다.

내 아들딸 100, 남의 아들딸 0. 부모의 편견은 이런 뇌 구조를 갖고 있으리라. 나도 부모이니 내 편견도 다르지 않겠지. 공공장소에서 버르장머리 없이 날뛰는 내 딸을, 낯선 곳에서도 주눅 들지 않는 씩씩한 아이라며 흐뭇한 눈으로 지켜본 적이 있겠지.

알람이 울리기 전에 잠이 깬다면?

알람 대신 내가 울어야 한다. 늙은 거다.

물론 늙음이 펑펑 울어야 할 만큼 서글픈 일은 아니다. 그런데도 울라고 한 건 기회를 놓치지 말라는 뜻이다. 울 수 있을 때 울라는 뜻이다. 나이를 먹으면 감정의 진폭은 좁아진다. 웃을 일도 울 일도 크게 화를 낼 일도 없다. 이게 고마운 일일까. 환영할 일일까. 아니, 슬픈 일이다. 희로애락에 초연해지면 표정이 사라진다. 몸보다 마음이 먼저 시든다. 몸보다 마음이 먼저 죽는다.

그러니 울 기회가 주어지면 악착같이 엉엉 울고, 웃을 기회가 생기면 과장해서라도 껄껄 웃어야 한다. 알람보다 일찍 잠에서 깬다면 아싸 기회다, 하며 새벽닭보다 먼저 울고 볼 일이다.

0대0으로 시작하는 경기가 있을까?

그런 경기는 없다. 선수만 경기에 출전하는 게 아니라 선수의 아버지 어머니도 선수 어깨 위에 올라 함께 출전하기 때문이다. 어떤 삶은 0대2로 경기를 시작한다. 열심히 살아 3대2로 역전하라는 말은 2점을 손에 쥐고 태어난 자들이 하는 말이다. 불가능하다는 걸 알면서 하는 말이다. 시작의 균형을 맞추려면 2의 절반을 0에게 흐르게 해 1대1을 만들어 줘야 한다. 이 일을 하는 것이 국가다. 국가가 일을 게을리하면 혁명이 일을 한다.

그러나 혁명을 너무 믿어서도 안 된다. 시간이 흐르면 혁명의 날은 점차 무뎌진다. 혁명이 만든 새로운 국가 역시 다시 게을러진다. 국가도 게으르고 혁명도 게으르다면 이제 남는 방법은 하나뿐이다. 나도 그들 못지않게 게을러지는 것이다. 내가 한없이 게을러터지면 국가가 부지런해 보이는 착시가 온다. 착시를 믿고 살면 속은 편히다.

왜 당구장에서는 애국가를 부르지 않을까?

 기아 타이거즈와 롯데 자이언츠가 야구 경기를 한다. 전통의 라이벌답게 만원 관중이다. 투수가 마운드에 오르기 전부터 열기가 뜨겁다. 그런데 그 뜨거운 열기를 한순간에 식히는 이상한 장면이 펼쳐진다. 두 팀 선수들은 물론 관중까지 모두 일어나 가슴에 손을 얹고 비장한 표정으로 애국가를 부른다. 태극 마크를 달고 뛰는 올림픽도 아닌데. 그냥 프로 선수들의 일상적인 비즈니스인데. 도대체 이 경기가 동해물과 백두산이랑 무슨 관계가 있다는 걸까. 택시 기사가 운전하는 거랑, 영화배우가 연기하는 거랑, 학원 선생이 수업하는 거랑 다를 바 없는데. 너와 내가 하품하며 출근하는 거랑 다를 게 없는데.

 국가님이 계셔서 고맙게도 우리는 야구를 합니다. 이 말을 하는 것일까. 누구에게 하는 것일까. 왜 하는 것일까. 프로야구 출범 때부터 했으니 의례히 해야 하는 의식으로 알고 하는 것일까. 그렇다면 너와 내가 당구를 칠 때도 애국가를 불러야 하지 않을까. 포커를 칠 때는 하느님이 더욱 보우해 주셔야 하니 애국가를 4절까지 합창해야 하지 않을까. 우리 안에 너무 많은 국가가 살고 있는 건 아닐까.

꼬리가 길면 누구에게 밟힐까?

여우 꼬리가 길면 누구 발에 밟힐까. 다람쥐 발에 밟힐까, 호랑이 발에 밟힐까. 만약 이 언저리에서 추리가 빙빙 돈다면 속담을 잘못 이해하고 있는 것이다.

여우가 다리보다 긴 꼬리를 달고 걷는다고 생각해 보라. 거추장스러운 꼬리가 걸음을 방해한다. 똑바로 걷는 것도 방해하고 걸음에 속도를 내는 것도 방해한다. 그러다 아차 하는 순간 자신의 발이 자신의 꼬리를 밟는다. 그 자리에 고꾸라진다. 꼬리가 길면 남이 아니라 나에게 밟힌다.

아무도 모르는 반칙이란 없다.

세상이 다 몰라도 반칙을 한 나는 안다. 얼굴은 평온한 척하지만 언제 들킬지 몰라 초조하다. 초조가 걸음을 방해한다. 결국 그 초조를 밟고 스스로 고꾸라진다. 동물은 꼬리가 꼬리지만 사람은 초조가 꼬리다. 초조가 길면 밟힌다.

**담뱃갑엔 심장병 폐암 후두암 구강암 뇌졸중
치아변색 성기능장애 기형아출산
수명단축 같은 말이 눈에 잘 띄는 고딕체로
큼지막하게 적혀 있는데, 돈을 주고
이 모든 질병을 사는 사람이 있는 건 왜일까?**

이 책에서 가장 긴 질문이다. 그런데 정말 왜일까. 중독 때문일까. 담배 끊기 어려운 직업을 가진 사람이 적지 않아서일까. 보건복지부 금연 캠페인이 헛다리만 짚어서일까. 아니다. 담뱃갑에 적힌 저 고딕체 경고 때문이다. 심장병에서 수명단축까지 죄다 몸이야기다.

몸이 아니라 마음이 무너진다고 경고했어야 했다.

그림은 무엇으로 그려야 할까. 어디에 그려야 할까. 붓과 물감으로 스케치북에 그려야 그림일까. 꼭 그런 건 아니다. 글자로도 그림을 그릴 수 있다.

연필과 종이를 들고 이 도시를 걸었다. 움직이는 모든 것이 이야기였다. 사람도 이야기다. 바람도 이야기다. 내가 귀를 열고 다가갈 때 움직이는 모든 것이 움직이는 의미를 갖는다. 움직이지 않는 모든 것도 움직임을 갖기 시작한다.

6
한여름 퇴근길 풍경화

사람도 풍경일까?

약속된 시간에 일터를 빠져나온 사람들이 약속된 종종걸음을 친다. 누군가는 딸아이와의 뽀뽀를 향해, 누군가는 보글보글 된장찌개를 향해 바쁘게 다리를 놀린다. 해가 길다. 모두가 시선을 땅에 꽂은 채 내 키보다 훨씬 긴 내 그림자밟기에 열심이다. 끊어질 듯 이어지는 행진. 이탈하는 사람만큼 합류하는 사람이 더해지는 탄탄한 행진. 손에 동그란 부채를 든 할머니 한 분이 무심한 눈으로 행진을 바라본다.

그녀의 직장은 길바닥. 그녀의 이름은 노점상. 길 한쪽 담벼락에 등을 깊이 넣고 엉거주춤 앉은 그녀 앞에는 호박잎이 듬성듬성 놓여 있다. 원산지 표시는 보이지 않는다. 가까운 텃밭에서 뜯어 왔겠지. 아직 푸른색을 머금고 있으니 아침까지는 햇살을 받던 것들이겠지. 그녀는 호박잎이 웬만큼 팔려야 퇴근할 수 있다. 그래야 이 부지런한 행진에 합류할 수 있다. 남들 다 퇴근하는 이 저녁, 그녀는 나 홀로 근무 중이다. 야근 수당도 없는 고단하고 고적한 근무.

나는 그녀를 모른다.
그녀도 나를 모른다.

나는 그녀 앞에서 걸음을 멈출 이유가 없다. 가로수 스치듯 가로등 스치듯 스쳐 지나가면 된다. 그녀는 풍경이니까. 나는 그녀를 휙 스쳐 지나간다. 내 뒷사람도 그녀를 휙 스쳐 지나간다. 그 뒷사람도 그녀를 휙 스쳐 지나간다. 다음 사람도 다음다음 사람도 그녀를 휙휙 스쳐 지나간다. 그녀에게 퇴근길 풍경을 물으면 이렇게 대답할 것이다.

휙.

'휙'이 이처럼 계속 이어지면 그녀는 퇴근할 수 없다. 마지막으로 그녀를 휙 스쳐 퇴근하는 사람의 뒷모습이 눈에서 완전히 멀어질 때까지 에어컨 없는 직장에 앉아 있어야 한다. 열대야 견디며. 왕모기 쫓으며. 벌컥벌컥 미세먼지 마시며.

누가 내 바짓가랑이를 잡는 것 같다. 걸음을 멈추고 뒤를 돌아봤다. 아무도 없다. 더운 공기와 약간의 공허가 있을 뿐. 손을 공허하게 움직여 부채질을 하는 아까 그 할머니가 저 멀리 보였다. 공허가 질문을 만들었다. 같이 퇴근할 순 없을까. 그녀에게도 돌아갈 집이 있을 텐데. 할머니 밥상을 기다리는 일곱 살 손녀가 그 집에 있을지도 모르는데.
안 되겠다. 편집실로 가야겠다. 기술자 어깨너머로 배운 허접한 기술을 써먹어야겠다. 잠시 전 퇴근길 영상을 찾는다. 느린 동작으로 거꾸로 돌린다. 사람들이 뒤로 걷기 시작한다. 오른발이 왼발 뒤로. 왼발이 오른발 뒤로. 현재가 과거로. 7시가 6시로.
할머니를 휙 스쳐 지나간 사람들이 느릿느릿 뒷걸음으로 다시 호박잎 앞으로 온다. 걸음을 멈추고 할머니를 다시 본다. 가로수가 아니다. 가로등이 아니다. 36.5도 체온을 지닌 사람이다. 지갑을 꺼낸다. 나도 한 봉지. 내 뒷사람도 한 봉지. 그 뒷사람도 한 봉지. 호박잎 한 봉지가 할머니의 표정을 바꾼다. 할머니의 퇴근 시간을 바꾼다. 집으로 가는 그녀 손엔 돼지 목살 반 근이 들려 있다.

이 저녁, 내가 담아 온 건 정말 호박잎 한 봉지였을까. 나보다 어려운 사람에게 건네는 동정 한 봉지였을까. 배려 한 봉지였을까. 위로 한 봉지였을까. 아니다. 다 아니다. 내가 담아 온 건 뿌듯함 한 봉지다. 한 가족 밥상에 맛난 것이 올라가는 데 내가 작은 보탬이 된다는 뿌듯함. 내 안에도 선한 마음이 살고 있음을 확인하는 뿌듯함. 사람 사는 세상으로 가는 길에 나를 한 방울 뿌린다는 뿌듯함.

세 글자로는 뿌듯함.
두 글자로는 행복.

우리는 안다. 행복해지는 법을 안다. 아는데, 잘 아는데, 너무너무 잘 아는데 자꾸 행복을 휙 스쳐 지나가 버린다.

아프리카는 아프리카에만 있을까?

행복 한 봉지에 기분이 들떴을까. 걸음이 요란했을까. 아차 하는 순간 교통사고가 났다. 자동차와 부딪쳤다. 난폭운전 아니었다. 음주운전 아니었다. 초보운전 아니었다. 운전하는 사람이 없는 차였다. 길가에 주차한 차 백미러에 내가 자진해서 부딪친 것이다. 어쨌든 차와 충돌했으니 이것도 교통사고라 해야겠지. 팔꿈치가 아팠다. 백미러가 미웠다. 아픈 팔꿈치를 문지르며 백미러를 노려보자 녀석은 내게 이렇게 말했다.

　　사물이 거울에 보이는 것보다 가까이 있음.

내겐 그 말이 이렇게 들렸다.

　　아픔이 거울에 보이는 것보다 가까이 있음.

잠시 생각에 잠겼다. 아픔은 정말 가까이 있는지도 몰라. 가까이라면 얼마나 가까이일까. 한두 걸음 앞에? 서너 걸음 뒤에? 그래, 내가 못 본 척, 못 들은 척해서 그렇지 내 주위가 온통 아픔이고 온통 신음인지도 모른다. 그런데 왜 우리는 저 멀리 유니세프에 돈을 부칠까. 어디 있는지도 모르는 유엔난민기구에 돈을 바칠까. 앙상한 뼈를 드러낸 아이들 모습을 여과 없이 내보내는 불편한 TV 광고는 왜 자꾸 지금 전화하라고 우리를 닦

달할까.

아프리카는 아프리카에만 있는 게 아니다. 우크라이나는 우크라이나에만 있는 게 아니다. 후쿠시마는 후쿠시마에만 있는 게 아니다. 내가 사는 이 도시에도 아프리카의 빈곤이, 우크라이나의 비명이, 후쿠시마의 공포가 있다. 거울에 보이는 것보다 훨씬 가까이 있다.

나는 나를 배신한 적 없을까?

팔꿈치를 문지르자 요의가 밀려왔다. 팔꿈치와 방광이 무슨 관계인지 모르겠다. 두리번두리번 화장실을 찾았다. 작은 상가 하나가 보였다. 들어갔다. 다행히 화장실 문은 열려 있었다. 대신 입구에 싸늘한 문장이 적혀 있었다.

> 이곳은 공중화장실이 아닙니다.
> 상가 이용객이 아니면 이용하지 마십시오.

치사하다고 생각했지만 돌아 나오지 않았다. 일이 급했다. 상가 이용객인 척 화장실 안으로 들어갔다. 그런데 거기엔 또 이런 문장이 걸려 있었다.

> 이곳은 공중화장실입니다.
> 전자담배 절대 피우지 마세요.

모순의 극치. 자신이 한 말을 딱 1초 만에 자신이 배신하다니. 이런 용감무쌍함은 도대체 어디서 배우는 걸까. 가만, 내 글에는 이런 허물이 없을까. 오늘 내 글이 어제 내 글을 수시로 배신하는 건 아닐까. 지금 이 글도 지난 책에서 내가 주장한 것과 정반대 논리를 펴고 있는 건 아닐까. 내가 이 화장실보다 용감무쌍하다는 걸 나만 모르는 건 아닐까. 그건 그렇고 이곳은 공중화장실일까 아닐까. 공중에 붕 뜬 기분이었다.

이름은 어떻게 지어야 할까?

상가엔 중국집이 하나 있었다. '락희청'이라는 이름을 붙이고 있었다. 무슨 뜻인지 모르겠다. 짜장면 짬뽕 파는 그 중국집인지도 잘 모르겠다. 오래전 나는 중국집을 차리려면 이름을 '중국집'으로 지으라고 공개적으로 조언했다. 세월이 꽤 흘렀으니 이 땅엔 적지 않은 중국집이 '중국집' 간판을 달고 영업을 하고 있을 것이다.

어깨에 힘이 잔뜩 들어간 사람은 늘 거대한, 화려한, 요란한 아이디어를 찾는다. 그런 게 내 주위에 있을 리 없으니 산 너머 바다 건너에서 아이디어를 공수해 오려 한다. 시선이 십 리 밖을

겨냥하고 있으니 내 어깨나 무릎 근처에 있는 아이디어는 못 본다. 그러나 내공이 깊은 사람은 가까운 곳부터 살핀다. 어려운 숙제일수록 쉽게 접근한다. 가볍게 접근한다.

코에 뿔 달린 소, 코뿔소. 쉽다. 개굴개굴 우니까 개구리. 부엉 부엉 우니까 부엉이. 미끌미끌 미끄러지니까 미꾸라지. 쉽다.

나는 누구에게 관대한가?

상가를 나와 걷는데 귀뚜라미 목소리가 들렸다. 귀뚤귀뚤 우니까 귀뚜라미. 쉽다. 한여름에 귀뚜라미라니. 성질 급한 놈이거나 정신 나간 놈이다. 지난 1년 목청이 녹슬지 않았을까, 자기 걱정만 하는 놈이다. 이 여름이 누구의 시간인지 고민하지 않는 놈이다.

매미는 긴 세월을 땅속에서 살다가 아주 짧은 시간 밖으로 나와 남은 생을 산다. 태양을 볼 수 있는 시간은 길어야 한 달이다. 서럽지 않을까. 울지 않을 수 있을까. 귀뚜라미는 가을보다 먼저 오지 않는다(아까 그 성질 급한 놈만 빼고). 짧은 생을 울고 가는 매미에게 그가 줄 수 있는 최대한의 시간을 준다. 매미의 마지막 노래 후렴까지 다 듣고 목을 연다.

너에게 관대.
나에게 엄격.

참 어려운 일이다. 그러나 귀뚤귀뚤 귀뚜라미도 하는 일이다.

사람들은 왜 신호등 세 번째 색깔에 관심이 없을까?

건널목에 섰다. 자동차들의 집단 이동 우르르. 사람들의 집단 이동 우르르. 신호등은 오케스트라 지휘자가 되어 이 도시의 모든 움직임을 조율한다. 나는 잘 교육받은 병아리마냥 신호등의 명령에 복종한다. 복종을 약속이라는 말로 애써 순화하며 자존심 일부를 챙긴다.

파랑과 빨강 사이 아주 짧은 노랑.

있는 건지 없는 건지. 켜진 건지 꺼진 건지. 있어도 그만 없어도 그만. 사람들은 노란불에 관심이 없다. 관심이 없으니 존재감도 없다. 그렇다면 저 노랑은 왜 파랑과 빨강 사이를 비집고 들어갔을까. 연말마다 때려 부수고 다시 깐다는 보도블록처럼 세금만 축내는 건 아닐까. 법정에 세우고 최후 진술을 들어 봐야겠다.

짧게 말하겠습니다. 전진과 멈춤 사이에 아주 좁은 완충 공간이 있습니다. 저는 그곳에서 일합니다. 잠깐 호흡, 잠깐 여유 같은 틈을 제공하는 일을 합니다. 공간이 워낙 비좁아 늘 엉거주춤한 자세로 일을 합니다. 그러나 제가 일을 게을리하면 여기저기서 쾅! 끼익! 퐈당! 같은 소리가 들릴 것입니다. 저는 가라서라 명령하지 않고 이 도시의 충격을 줄이는 일을 하는 것입니다. 이 일을 스물네 시간 잠도 자지 않고 합니다. 저, 세금 도둑 아닙니다.

기회를 주셨으니 주제넘은 말 한마디 보탭니다. 신호등 세 번째 색깔에 무관심한 사람들에게 하는 말입니다. 삶에도 틈이 있어야 쾅! 끼익! 퐈당! 같은 소리를 막을 수 있습니다.

질김은 어디에서 나올까?

한여름 공원엔 사람이 없다. 돔 구장처럼 공원 전체에 뚜껑을 씌우고 그 안에 에어컨을 작동하지 않는다면 가을이 오기 전까지 공원에서 사람 모습 찾기는 어려울 것이다. 사람이 사라진 공원을 비둘기가 점령하고 있었다.

가까이 가서 보니 놀러 나온 비둘기가 아니다. 그들은 대장 비둘기를 탄핵하는 집회를 하고 있었다. 나는 비둘기가 대장을 어떤 방법으로 탄핵하는지 모른다. 하지만 연단에서 연설하는 모습이나 연설에 반응하는 함성으로 보아 사람들이 하는 방법을 차용한 것 같았다. 허리마다 곡물과 씨앗을 충분히 넣은 도시락을 찼다. 다들 장기전을 각오한 모양이다.

그런데 분위기가 수상했다. 엄숙하지도 살벌하지도 않았다. 오히려 명랑했다. 왜 그런 느낌을 받았을까. 깃발 풍경이 달랐기 때문이다. 비둘기들은 사과하라, 각성하라, 처벌하라 같은 투쟁 구호 대신 이런 깃발을 들고 나왔다.

- 집에 누워 있기 연합
- 깃발 준비 못 한 비둘기 동호회

크크 웃음이 절로 나오는 기발한 깃발이 여기저기 눈에 띄었다. 대장 비둘기가 얼마나 한심했으면 집에 누워 있던 게으름이 벌떡 일어나 광장으로 나왔을까. 집회가 아니라 놀이 같았다. 무거움을 가벼움으로 치환하는 재치와 발랄이 어떤 함성보다 더 크게 펄럭였다. 치환이라는 말을 쓰고 보니 청마 유치환이 생각났다. 그가 깃발을 왜 소리 없는 아우성이라고 표현했는지 어렴풋이 알 것 같았다. 생각해 봤다. 내가 비둘기라면 어떤 깃발을 들고 나왔을까.

- 나, 혼자 나온 비둘기

단체의 명령을 받고 나온 게 아니라 그냥 1인분으로 나온 비둘기. 광장엔 이런 비둘기가 훨씬 더 많지 않을까. 그들을 응원하는 깃발도 하나쯤 있어 줘야 하지 않을까. 그래, 이렇게 가는 거

다. 놀며 춤추며 노래하며 가는 거다. 즐기며 가는 거다. 그래야 목표한 그곳까지, 도착하는 그날까지 지치지 않고 뚜벅뚜벅 전진할 수 있다.

질김은 즐김에서 나온다.

최동원을 기억하는가?

공원 출구 쪽 운동장에선 비둘기 집회에 아랑곳하지 않고 야구를 하는 아이들이 있었다. 유니폼도 갖춰 입었고 꽥꽥 소리도 우렁차고 제법 선수 티가 났다. 투수는 안경을 썼다. 저 마운드 위에서 혼신을 다해 공을 던지던 안경 쓴 누군가가 떠올랐다.

최동원을 기억하는가. 어떻게 기억하는가. 전설적인 투수로 기억하는가. 전설은 누가 만들었다고 생각하는가. 강한 어깨가 만들었다고 생각하는가. 강한 의지가 만들었다고 생각하는가. 기자가 펜을 놀려, 평론가가 입을 놀려 만들었다고 생각하는가. 혹시 이런 생각을 한 적은 없는가.

전설을 만든 건 외로움이었다고

투수는 외로움을 던지는 직업이다. 운동장 가장 높은 곳에 홀로 서서 무시무시한 방망이 아홉을 차례로 상대해야 하는 고독한 직업이다. 쉬운 타자만 골라 상대할 수 없다. 버거운 타자를 건너뛸 수도 없다. 가장 외로운 땅은 무인도가 아니라 마운드인지도 모른다.

외로움에게 지면 타자에게도 진다. 최동원은 그를 찾은 외로움을 가슴에 담아 두지 않았다. 가슴에서 손끝으로 데리고 왔다. 왔으니 이제 가서야지, 하며 타자를 향해 뿌렸다. 비로소 공 끝에 힘이 실렸다. 그는 외로움과 싸우는 법을 찾았고 익혔고 던졌다. 전설은 그렇게 만들어졌다.

그다음 이야기는 무엇일까. 전설로 우뚝 섰으니 이제 외롭지 않은 최동원 이야기일까. 아이러니하게도 외로움과 싸워 이긴 대가는 다시 외로움이다.

우뚝.

이 말을 들으면 어떤 그림이 머리에 그려지는가. 바람 부는 언덕, 온몸으로 바람을 맞으며 옷자락 휘날리는 한 사람이 그려지지 않는가. 주목받지 못하는 것도 외로움이지만 모두의 주목을 홀로 견디는 것 또한 외로움이다.

나는 어떤 가면을 쓸까?

공원 밖으로 막 나오는데 오토바이 한 대가 나를 덮치려 한다. 하루 두 번 교통사고를 당할 수는 없다. 피했다. 운전자를 확인하려고 돌아봤는데 얼굴을 볼 수 없다. 헬멧을 썼다. 헬멧은 내게 미안하다는 손짓을 한 후 부릉부릉 사라져 버렸다. 헬멧의 임무는 뭘까. 제1 임무는 안전, 제2 임무는 가면이겠지.

　　다치지 않게.
　　들키지 않게.

헬멧은 이 두 가지 일을 한다. 범죄 드라마에서도 CCTV에 찍힌 용의자는 약속이나 한 듯 헬멧을 썼다. 제2 임무를 수행하는 것이다.

나는 오토바이를 타지 않는다. 헬멧을 쓰지 않는다. 그렇다고 가면을 쓰지 않는 건 아니다. 나는 눈에 보이지 않는 가면을 쓴다. 가면이 아닌 척하는 가면. 선크림 바르듯 얼굴에 거짓 표정을 처바른 가면. 어디 나뿐일까. 이제 이 도시를 맨얼굴로 활보하는 사람은 없다.
왜 우리는 거짓 얼굴을 내거는 걸까. 세상이 두려운 거다. 세상이 두려워 나를 감추려는 거다. 생각, 고민, 실력 다 감추려는 거다. 이것들이 다 까발려지면 세상 밖으로 밀려나고 말 테니까. 내가 쓰는 가면은 하나같이 얼굴 면(面)으로 끝나는 긴 이름을 가졌다.

> 누가 대신 나서 줬으면
> 그 사람과 마주치지 않았으면
> 내가 오늘 한 짓을 아무도 몰랐으면

나약의 가면이고 비겁의 가면이고 위선의 가면이다. 자랑스럽지 않은 가면이다. 자랑스럽지 않으니 당장 벗어던져야 할까. 벗어던질 수는 있는 걸까. 옳음과 그름을 쉽게 나눌 수 있는 일이 아니다. 가면을 벗는 것이 옳음이라고 윽박지를 일도 아니다.

나는 작고 세상은 크다. 나는 좁고 세상은 넓다. 나는 약하고 세상은 강하다. 세상은 세상을 두려워하지 않는 자를 두려워한다지만 세상을 두려워하지 않는 자가 어디 있으랴. 가면 없이 세상 사는 게 어렵다면 가면을 쓴 사람이 아니라 가면을 쓰게 한 세상을 나무라야 하는 게 아닐까.

> 그대도 나약한가.
> 그대도 비겁한가.
> 그대도 위선을 버리지 못하는가.

그렇다면 그대와 나는 한편이다. 그대가 있어 나는 위로를 얻는다. 용기를 얻는다. 그대라는 핑계가 있어 나는 가면을 벗지 않고 버틴다. 언제까지 버틸 수 있겠느냐고? 세상이 내게 나약과 비겁과 위선을 강요하지 않는 날이 온다면 그때 가서 다시 생각해 볼 것이다. 세상이 꿈쩍하지 않는다면 나도 꿈쩍할 생각이 없다. 그대에게도 내가 궁색하지 않은 핑계가 되었으면 한다.

죽은 후를 걱정하는 동물이 또 있을까?

날이 어둑해지자 네온이 도시를 색칠한다. 국적을 알 수 없는 휘황한 네온이 퇴근길 바쁜 걸음을 유혹한다. 집에 가지 말라고, 먹고 가라고, 마시고 가라고.

고만고만한 크기.
고만고만한 높이.
고만고만한 밝음.
고만고만한 요란.

이래 가지고 경쟁이 될까. 이래 가지고 유혹이 될까. 내가 걱정할 일은 아니다. 이 중 몇 개는 곧 빛을 잃을 것이고 그 자리를 새로운 빛이 차지하겠지. 경쟁이 될 거라는 믿음으로.

그런데 이 고만고만한 네온보다 훌쩍 높은 곳에서 고만고만하지 않게 빛나는 네온도 있다. 가로선 하나 세로선 하나가 교차하는 빨간색 네온. 십자가다. 고개 들어 시선의 각도를 바꾸니 여기저기 빨간 십자가가 솟아 있다. 이 도시가 하나의 커다란 공동묘지가 아닐까 하는 착각도 든다. 십자가는 십자가끼리 저 높은 곳에서 겨루는 것이리라. 도시는 커피숍과 교회로 이루어졌다는 말이 허언은 아닌 듯했다.

교회는 왜 이렇게 많을까. 사람들은 왜 이 많은 교회를 아들 손자 며느리 다 몰고 가 꽉꽉 채울까. 물론 사람마다 교회를 찾는 이유는 다르겠지. 교회 오빠가 목적인 청춘도 있고, 죽은 후 걱정 때문에 열심인 사람도 있겠지. 고만고만한 네온으로 경쟁하는 일도 버거울 텐데 죽은 후 걱정까지 하다니. 사람의 제1 유전자는 부지런함인지도 모른다.

문제는 사람에게 주어진 시간이 유한하다는 것.

죽은 후 걱정을 하다 보면 어떻게 살 것인가에 대한 고민의 시간은 줄어들 수밖에 없다. 하루하루 사는 게 부실할 수밖에 없다. 그렇다고 죽은 후 걱정을 하지 않는 해삼이나 멍게나 말미잘이 사람보다 잘 산다고 말할 수도 없다. 어찌해야 할까. 어쨌든 삶이 부실해지는 건 막아야 하지 않을까. 죽은 후 걱정은 죽은 후에 하면 안 될까.

소주는 무슨 맛일까?

길거리 포장마차도 문을 열었다. 네온의 유혹에 흔들리지 않던 나도 포장마차의 유혹은 뿌리치지 못했다. 들어가 한 자리를 잡았다. 국수를 주문했다. 한 팀이 먼저 와 앉아 있었는데 어르신 셋이다. 그들 앞엔 빨간 뚜껑 소주가 놓여 있었다.

그런데 술상 위 산수가 맞지 않았다. 사람은 셋인데 소주잔은 넷이다. 누가 잠깐 자리를 비운 것 같지도 않다. 잔 하나는 분명 주인 없는 잔이다. 주인 없는 잔에도 소주가 차 있었고 그들은 술잔을 들 때마다 주인 없는 잔에 자신의 잔을 부딪쳤다.
알 것 같았다. 얼마 전까지 저 자리에 넷이 앉았는데 그중 하나가 돌아올 수 없는 곳으로 먼저 떠난 것이다. 그들은 입에 술을 넣고 안주를 집을 때마다 먼저 간 친구 이야기를 한다. 그때 그랬었지. 그놈이 그랬었지. 대화 절반이 과거형이다. '다음에'나 '내년에' 같은 말은 들리지 않았다. 어르신들은 장밋빛 미래 이야기 하나 없이도 충분히 행복해 보였다. 말 하나가 떠올랐다. 꼰대를 꼬집는 용도로 쓰는 '라떼'라는 말.

나 때는 소주가 25도였어.

제발 이런 말 하지 말라고 한다. 흘러간 노래라고 한다. 흘러간 역사라고 한다. 스스로 세대 간에 벽을 쌓는 위험한 말이라고 한다. 하지만 이 말을 하는 모든 입을 흘러간 입으로 모는 건 과한 처사가 아닐까. 어르신들은 추억을 되새김질함으로써 살아 있음을 느낀다. 어느 누구도 살아 있는 이에게 살아 있음을 느끼지 말라고 강요할 수 없다.

만약 '라떼 금지령'이 내린다면 그들은 무엇을 안주로 허기 없이 이 밤을 지나갈까. 나도 혈압 약 먹기 시작했어. 나는 하루 먹는 약만 열두 개야. 나는 허리가 안 좋아 골프도 끊었어. 대화 대부분이 약 이야기, 병 이야기일 것이다. 약국 냄새, 병원 냄새가 나는 소주가 맛있을 리 없다. 이들에게 소주에 추억을 타서 마실 자유를 허락해야 한다. 필요하다면 '라떼 권장령'이라도 내려야 한다.

얼마 안 가 셋은 둘이 되겠지. 한 사람은 남은 두 사람의 좋은 안주가 되겠지. 그런데 셋 모두 그게 나는 아니겠지 생각하는 것 같았다. 가볍게 허기만 때우고 일어서려던 나는 빨간 뚜껑 한 병을 시키고 말았다.

맛있다는 말은 맛있는 말일까?

국수를 먹다가 지난 장마 때 이 포장마차에서 있었던 일이 생각났다. 너, 여기 국수 한번 먹어 봐. 진짜 맛있어. 맛이 깊어. 친구에게 한 말이다. 친구는 국수를 주문했다. 먹었다. 어때?

맛있지? 죽이지? 그러나 친구 반응은 시큰둥했다. 나쁘지는 않네.

섭섭했다. 내가 끓인 국수도 아닌데 은근히 기분이 상했다. 오늘 국수를 다시 먹으며 생각해 보니 내 질문에 문제가 있었던 것 같다. 맛있지? 죽이지? 하고 물어서는 안 되는 거였다.

맛있다는 말은 주관이 하는 말이다. 나는 맛있는데 너는 맛이 없을 수 있다. 맛있다는 말은 상황이 하는 말이다. 배고플 땐 맛있는데 배부를 땐 맛이 없을 수 있다. 맛있다는 말은 관계가 하는 말이다. 김 대리랑 먹으면 맛있는데 김 부장이랑 먹으면 맛이 없을 수 있다. 맛있다는 말은 시간이 하는 말이다. 금요일 저녁엔 맛있는데 월요일 아침엔 맛이 없을 수 있다. 맛있다는 말은 경제가 하는 말이다. 남이 사 주면 맛있는데 내 돈 내고 사 먹으면 맛이 없을 수 있다. 이처럼 변덕이 심한 말을 앞세우며 질문을 했으니 반응이 시원치 않을밖에.

말은 허약하다. 세상 모든 말은 허약하다. 주관에 따라 상황에 따라 관계에 따라 의미가 달라지기도 한다. 그럼에도 불구하고 허약하지 않은 말이 하나 있다.

너와 나는 다르다.

이 명제를 인정하면 말의 허약을 웬만큼 치유할 수 있다. 내가 그러하니 너도 그러할 거라는 착각이 실수를 부르고 오해를 부르고 때로는 전쟁으로 번진다. 5천만 모두에게 맛있는 국수는 없다.

새에게 잡아먹히지 않는 벌레가 있을까?

포장마차를 나오다 까치 한 마리와 눈이 마주쳤다. 놈은 쓰레기 분리수거장을 뒤지고 있었다. 저곳에 까치 입에 맞는 벌레가 있을까. 어쩌면 도시에 적을 두고 사는 까치는 이미 식성이 바뀌었는지도 모른다. 놈은 지금 초콜릿이나 맛동산 부스러기를 찾는지도 모른다.

신은 새에게 벌레를 잡아먹고 살라고 명령했다. 벌레에겐 새에게 잡아먹히며 살라고 명령했다. 자신의 명령을 생태계라는 이름을 붙여 모든 생물에게 교육했다. 그런데 저 까치는 신이 설계한 생태계를 거부하고 도시로 왔다. 신의 간섭 없는 새로운 생태계를 꿈꾼 것이리라. 꿈에 가까워졌는지는 모르지만 녀석의 도전은 박수 받을 일이다. 오늘은 초콜릿과 맛동산 둘 다 건졌으면 좋겠다.

까치가 신에게 도전하는 동안 벌레는 뭘 했을까. 벌레도 그냥 꾸물거리고 있지는 않았다. 생태계의 밑바닥에서 벗어나려고 용을 썼다. 몸이 작아 새에게 먹힌다고 믿는 그는 몸집 키우기에 돌입했다. 먹고 자고 먹고 자는 작전을 썼다. 과연 그걸로 역전이 가능할까. 몸집 하나로 생태계를 뒤집을 수 있을까. 불가능한 일이다. 한 끼 먹이에서 두고두고 먹는 대용량 먹이로 새롭게 분류되었겠지.

> 벌레는 공부를 해야 한다.

몸집 키울 생각 버리고, 이마에 필승 머리띠 두르고 공부를 해야 한다. 조상 대대로 새에게 왜 잡아먹혔는지 역사 공부를 해야 한다. 새가 가진 것은 무엇이고 내가 갖지 못한 것은 무엇인지 생물학 공부를 해야 한다. 새가 어떻게 날개를 가질 수 있었는지 유전학 공부를 해야 한다. 새가 부리와 발톱을 어떻게 벼리고 다듬는지 자기 관리 공부를 해야 한다. 가르치는 학교가 없다면 인간이 만든 도서관에 잠입해 독학이라도 해야 한다. 머리는 그대로 둔 채 몸만 닦달해서는 불리한 생태계를 돌파하기 어렵다. 새에게 잡아먹히지 않는 벌레는 공붓벌레뿐이다.

의학은 누가 만들었을까?

소주 반병에 취기가 살짝 올랐을까. 또 하나의 십자가가 내 눈앞에서 파르르 흔들렸다. 그런데 이놈은 빨간색이 아니라 녹색이다. 내가 적록색맹이었나? 미간을 좁혀 다시 봤는데 여전히 녹색이다. 교회가 아니었다. 병원이었다. Before & After 사진을 크게 출력해 붙인 성형외과였다. 고개 각도를 올려 휘 둘러보니 녹색도 빨간색 못지않게 여기저기서 네온을 뿜고 있다. 도시는 커피숍과 교회와 병원으로 이루어졌다고 고쳐 말해야 할 것 같았다.

병원에는 누가 있을까. 의사가 있고 환자가 있고 둘 사이에 의학이 있다. 의학은 누가 만들었을까. 신이 만들었다. 사람을 만든 직후 이것들이 자주 고장 난다는 제보를 받고 아차 싶어서 만들었다. 만들자마자 총알 배송으로 사람 세상에 내려보냈다. 그런데 사람들은 감사는커녕 신의 뜻을 열심히 거역하는 일에 의학을 사용하고 있다. 오늘이라도 신이 이 도시 길거리 뷰를 체크한다면 모든 빌딩에 똑같이 걸린 간판을 보고 놀라 자빠질 것이다.

우리 병원은 신이 준 얼굴을 뜯어고칩니다.

너, 쓰봉이 뭔지 아니?

뜯어고치는 병원을 지나자 시커먼 담벼락이 나타났고 담벼락엔 포스터 하나가 붙어 있다. 연극 포스터다. 왜 대학로를 탈출해 여기까지 왔을까. 더 넓은 세상으로 나온 건지, 밥집 술집에 밀려난 건지 알 수 없지만 몰골이 안쓰럽다. 원래 모습이었던 네모를 잃었다. 일부는 불법을 이유로 행정 손에 뜯겨 나갔고 일부는 접착제의 안간힘으로 버티고 있다. 절반이 찢겨 제목을 알 수도 없다.

난○○○쏘○○○○○공

살아남은 제목은 '난쏘공' 세 글자. 그러나 나는 안다. 이 연극의 제목은 '난장이가 쏘아올린 작은 공'이다. 오래전 조세희 소설인데 그 작품이 잊히지 않고 무대에 다시 오른 모양이다. 그 시절 우리는 민중 속으로 들어간 이 소설을 '난쏘공'이라고 줄여서 불렀다. 난쏘공은 얼마 전 아버지 제사 때 일을 소환했다.
절을 드리고 상을 물리고 온 가족이 둘러앉아 아버지를 이야기했다. 살아 계실 때 자주 했던 말 같은 것. 일제 강점기를 사셨으니 아버지 말엔 일본이 촘촘히 섞여 있었다. 이야기는 우와기(윗도리)를 거쳐 쓰봉(바지)까지 내려왔다. 딸에게 물었다.

너, 쓰봉이 뭔지 아니?
알아, 쓰레기봉투.

쓰봉을 쓰레기봉투로 해석한 딸의 엉뚱함에 다들 쓰러졌다. 지금은 일본말 찌꺼기가 많이 사라졌으니 딸이 쓰봉을 모르는 건 당연하다. 아니, 다행이라고 해야겠지.
나는 아직 가위 들고 말을 잘라 쓰는 말법에 서툴다. 아이스아메리카노를 '아아'라 부르는 정도는 안다. 필름 카메라를 '필카',

스터디 카페를 '스카'라 부른다는 건 최근에 알았다. 누가 답을 말해 주지 않는다면 '느낌 좋다'를 '느좋'이라 줄여 말한다는 걸 내가 알 도리는 없다. 정말 '별다줄(별걸 다 줄이네)'이다.

글자를 줄였으니 말은 짧아졌을 것이고 말하기는 편해졌을 것이다. 그런데 이런 편함을 불편해하는 마음들도 있다. 언어를 희롱한다는, 말을 오염시킨다는 걱정이다. 이게 과연 걱정해야 할 걱정일까.

말은 세상과 나란히 간다. 세상이 짧음과 빠름을 원하면 말도 거기에 맞춰 변신한다. 그걸 힘으로 누른다고 눌러질까. 여기저기서 불쑥불쑥 솟는 두더지 대가리 전부를 망치로 때려잡을 수 있을까. 가능한 일도 아니고 자연스러운 일도 아니다. 오히려 두더지가 멧돼지로 돌변하는 반발을 부를 수 있다.

수십 년 전에도 '난쏘공'이라는 줄임말을 썼다. 그것 때문에 말이 오염되어 숨 쉬기 힘든 세상이 되었다는 말을 나는 듣지 못했다. 말을 고인 물로 살게 하지 말고 스무 살 청춘으로 살게 하자. 스무 살은 방황도 하고 타락도 하지만 스스로 정화하는 힘도 지녔다. 그 힘을 믿으면 휘청거릴지라도 완전히 드러눕는 일은 없을 것이다.

언젠가는 정반대 걱정이 등장할지도 모른다. 말을 늘여 쓰는 걸 걱정하는 세상. 아버지를 '아들보다 버거킹을 좋아한 나머지'로 부르는 세상.

전봇대에게 묻지 말아야 할 것은?

요즘은 도시에서 전봇대 구경하기 어렵지만 그렇다고 아주 사라진 것은 아니다. 내 퇴근길 한적한 골목엔 나무 전봇대가 하나 있다. 전깃줄은 이미 땅속에 숨었는데 시대감각 뒤진 저 녀석은 왜 저곳에 저대로 남아 있을까. 할 일이 있으니 남아 있겠지. 어떤 일일까. 골목을 지나는 강아지 오줌 마려울 때 들르라고 남아 있는 걸까. 정말 그런지 묻고 싶었다. 그런데 이 질문이 전봇대에게 해도 되는 질문인지 판단이 서지 않았다.

때로는 질문만으로 상대에게 아픔을 줄 수 있다. 그래서 해야 할 질문이 있고 하지 말아야 할 질문이 있는 것이다. 전봇대에게 하지 말아야 할 질문은 무엇일까.

고향이 어디세요?

설악산이 고향이면 어떤가. 지리산이 고향이면 또 어떤가. 전봇대의 고향에 따라 강아지 오줌 누는 자세가 달라지는 건 아니지 않은가. 고향이 같다고 그 자리에 돗자리 깔고 향우회를 할 것도 아니지 않은가. 길을 걷다 나무 전봇대를 만나면 고향을 묻지 말고 꿈이 있는지 물어라. 하늘이 무겁지 않은지 물어라. 참새가 말을 걸어 주는지 물어라. 밤에도 환한 가로등이 부럽지 않은지 물어라.

처음 만나는 사람에게 몇 살인지, 어느 학교 나왔는지, 사는 곳은 어디인지 묻는 것은 전봇대에게 고향을 캐묻는 것과 같다.

지능이 영리할까 본능이 영리할까?

전봇대를 스치고 지나온 골목 끝. 바스락 소리가 들린다. 바람의 방문일까 강도의 습격일까. 지능은 모른다. 그러나 본능은 이것이 위기인지 기회인지 안다. 본능적으로 안다.

    본능은 계산하지 않는다.

소리의 크기, 소리의 간격, 소리와 나 사이의 거리 같은 숫자에 매달리지 않는다. 수치보다 감각을 믿는다. 느낌을 믿는다. 경험을 믿는다. 물론 비과학적이다. 그러나 비과학적이기에 과학의 시시한 한계를 훌쩍 뛰어넘는다.
계산은 머리를 굴리는 일이다. 머리를 굴리다 보면 억지와 편파와 과장이 개입한다. 그러나 본능은 그런 거추장스러운 것들에 관심이 없다. 억지와 편파와 과장의 방해가 없으니 계산이 미치지 못하는 영역까지 편안하게 들어가 문제의 핵심에 접근한다. 지능은 알 지(知) 자를 쓰고 본능은 근본 본(本) 자를 쓴다. 머리로 아는 건 흔들릴 수 있지만 근본이 흔들리는 법은 없다.
이제껏 나는 문제가 생길 때마다 지능에게 전권을 줬다. 지능을 믿었고 지능에게 기댔다. 결과는 신통치 않았다. 실수도 잦

았고 오류도 흔했다. 이제 본능에게 기회를 줘야겠다. 지능에게 맡겼던 일의 절반을 뚝 떼어 본능에게 줘야겠다.

왜 가야 하는지 따지지 않고 발이 데려가는 대로 가 보는 거다. 가다 넘어질지 모르지만 본능을 믿고, 주먹이 울면 왜 우는지 묻지 않고 내 주먹을 울린 놈의 턱에 어퍼컷을 날리는 거다. 두 배로 얻어터질지 모르지만 본능을 꾹 믿고, 본능도 어쩌지 못하는 일이 있다면 그건 정말 어쩔 수 없는 일일 것이다. 그런데 본능이 지능보다 영리하다는 사실을 내가 어떻게 알았느냐고? 그냥 본능적으로 알았다.

기우제는 언제 지내야 할까?

빗방울 몇 개가 내 어깨를 툭툭 친다. 여름 가뭄이 심각하다는 뉴스를 들어서인지 빗방울의 어깨 착륙이 반갑다. 얼핏 생각하면 이 여름이 비의 계절일 것 같은데 우리는 해마다 여름 가뭄을 걱정한다. 왜 그럴까. 장마 때 있는 비 없는 비 다 쏟아부어 재고가 남지 않아서일까. 하늘은 비의 양 하나 조절 못 하는 무능력자란 말인가. 그렇다면 오늘 이 귀한 빗방울은 누가 내려주는 걸까. 이 도시 어디선가 기우제를 지내는지도 모른다.

기우제는 언제 지내야 할까. 사람마다 처방은 다르다. 가뭄이 보름 이상 이어질 때라고 말하는 사람도 있고, 마지막 비를 본 지 한 달은 지나야 한다는 사람도 있다. 비가 올 때까지 지내는 인디언 기우제라는 독한 방법이 있으니 너무 서두를 것 없다는 사람도 있다. 기우제로는 가뭄을 해소할 수 없다고 단언하는 사람도 있다. 흔치는 않지만 이런 주장을 하는 사람도 있다.

기우제는 비가 퍼부을 때 지내야 합니다.
가뭄이 시작되면 이미 늦습니다.
가뭄은 치료하는 게 아니라 예방하는 것입니다.
가장 확실한 예방법은 선제 기우제입니다.

웃어서도 안 되고 비웃어서도 안 된다. 제정신이 아니라고 비난해서도 안 된다. 적어도 그에게는 의견이라는 것이 있다. 의견을 입 밖으로 내놓는 용기라는 것이 있다. 세상에서 가장 촌스러운 의견도 의견 없음보다 낫다.

계단 서른 개를 오르는 방법은?

저 오르막 계단을 통과해야 퇴근이 끝난다. 모두 서른 계단이다. 서른 번 중력을 이겨야 오를 수 있다. 계단 앞에서 할 수 있는 일은 무엇일까. 엘리베이터나 에스컬레이터를 찾는 일이다. 그다음 일은 무엇일까. 가만히 서서 계단을 오를 방법은 없다는 걸 인정하는 일이다. 그다음은 한숨을 내쉬는 일이겠지.
계단 하나하나는 90도 추락 각도를 지닌 가파른 절벽이다. 무려 30층짜리 절벽이 바리케이드가 되어 나를 가로막고 있다. 처음부터 저 꼭대기에 시선을 주면 도전할 엄두가 나지 않는다. 있는 엄두도 사라질 판이다. 높이의 압박 때문에 몇 계단 오르다 주저앉을 수도 있고, 시선의 각도 때문에 발을 헛디더 아래로 데굴데굴 구를 수도 있다. 중력과의 싸움을 시작하기도 전에 귀가를 포기하고 발길을 술집으로 돌릴지도 모른다.

30에서 답을 찾으면 답은 없다.

답은 1이다. 계단 1 하나만 상대해야 한다. 내가 오를 높이의 삼십 분의 일에 해당하는 첫 계단에 시선을 고정해야 한다. 서른 계단이든 삼백 계단이든 첫 계단 오르는 일에 나를 남김없이 써야 한다. 계단 하나를 완전히 오른 후 다음 계단에 발을 올려야 한다.

1에서 100까지 세는 방법은 먼저 1을 세는 것이다.

손님인가 주인인가?

유난히 긴 퇴근길 끝에 내 집이 있었다. 현관문을 열고 들어가자 거울이 나를 맞았다. 거울은 내게 가까이 오라고 했다. 거울 속의 나와 거울 밖의 내가 서로를 응시한다. 거울 속의 내가 거

울 밖의 나에게 묻는다.

오늘 하루도 주인으로 살았니?

빨리 씻고 쉬고 싶은 나를 붙잡고 매일 하는 질문이다. 매일 하는 질문이지만 매일 같은 대답을 내놓을 수 없는 질문이다. 오늘은 대답을 할 수 없을 것 같다. 응, 이라고 대답하고 싶지만 자신이 없다. 아니, 라고 대답하면 열심히 꼼지락거린 나의 스물네 시간에게 미안할 것 같다. 나는 내 손에 대롱대롱 매달린 호박잎 한 봉지를 바닥에 내려놓고 거울 속의 나에게 말했다.

질문 고마워. 내일 또 물어 줘.

내가 생각해도 참 적절한 대답이었다. 대답의 종류에는 긍정과 부정만 있는 게 아니다. 기대라는 중립도 있다. 중립이지만 고개의 각도는 살짝 상향이다. 긍정 쪽에 가깝다. 내겐 내일이 있고 내일 나의 대답은 거울 속의 나를 활짝 웃게 할 수 있다.
내 삶의 주인이 나라는 것을 잊으면 어떻게 될까. 손님이 나타나 나를 지배한다. 손님은 돈일 수도 있고 정치일 수도 있고 종교일 수도 있다. 또 다른 무엇일 수도 있겠지. 세상은 손님을 주인으로 모시는 자를 이렇게 부른다. 노예.

7 고요한 질문

나이 서른은 왜 슬플까?

너는 서른이다. 너는 30년이라는 긴 시간을 들여 너를 만들었다. 부모, 선생, 참견하기 좋아하는 이런저런 꼰대가 너의 제작 과정에 참여했지만 누구도, 내가 이 녀석을 만들었어, 라고 말할 수 없다. 너는 너의 작품이다. 화려하든 초라하든 상큼하든 시큼하든 너는 너의 작품이다.

너는 네가 본 것, 들은 것, 느낀 것들을 다 쑤셔 넣어 너를 만들었다. 책에서 읽은 문장을 슬쩍 훔쳐 와 너의 좌우명으로 썼다. 잘 웃는 법과 잘 참는 법을 잘 섞어 너의 표정을 만들었다. 옷과 구두와 가방의 힘을 빌려 밀리지 않는 첫인상도 준비했다. 학력이 약하면 실력을, 체력이 약하면 정신력을, 말이 약하면 글을 키웠다. 빈 호주머니는 돈 대신 꿈으로 채웠다.

한때 반항이나 방황 같은 말에 취해 거들먹거리기도 했지만 그것들은 성취라는 말이 주는 뜨거운 매력과 오래 경쟁하지 못했다. 너는 성취로 목표를 정했고 방향을 잡았다. 너는 그렇게 너의 품질을 만들어 왔다. 너의 서른을 만들어 왔다. 셰익스피어나 고흐가 작품 하나 완성하는 데 30년 걸렸다는 말을 너는 듣지 못했다. 너는 리어왕이나 해바라기 곁에 나란히 놓아도 꿀릴 것 없는 이 우주에 하나뿐인 작품이다.

그런데, 그런데, 그런데 세상은 너랑 의견이 다른 것 같다. 세상은

30년 공들인 너를 힐끔 보고 더 이상 눈을 주지 않는다. 애썼다는 마른 칭찬 한마디 안 한다. 소소한 일자리 하나 챙겨 주지 않는다. 원래 세상은 누군가의 가치를 인정하는 일에 인색하다지만 녀석이 너를 대하는 태도는 인색을 넘어 가혹에 가깝다.

조바심이 난다. 너는 끌과 톱과 망치를 동원해 너를 깎고 다듬는다. 세상이 원하는 모습으로 표정으로 색깔로 너를 바꾼다. 세상에 하나뿐인 작품을 스스로 흔들고 스스로 허문다. 조바심은 자존심을 제압한다. 너는 자존심 뒤에 '따위'라는 말을 붙여 한쪽으로 치우고 너의 칼질에 애써 동의한다. 하지만 세상은 너의 변신을 차분히 기다려 주지 않는다. 네가 너를 바꾸는 동안 저만치 도망간다. 부지런히 쫓아가 다시 들여다보면 세상이 원하는 모습은 아까 그 모습이 아니다. 아까 그 표정이 아니다. 아까 그 색깔이 아니다. 어이쿠, 또 바꿔야 한다. 바꾼다. 도망간다. 쫓아간다. 또 바꾼다.

쫓고 쫓기는 사이 원래의 너는 성큼성큼 사라진다. 너의 30년이 부지런히 사라진다. 아쉽지 않다. 아깝지 않다. 네가 사라져야 네가 산다. 세상눈에 들 수만 있다면 너의 분실 따위는 아무것도 아니다. 그런데 이를 어째. 너를 겨우 다 버렸는데 세상은 무심한 목소리로 이렇게 말한다.

맨 처음 당신이 가장 나은 것 같네요.
그때 그 당신을 찾아오세요.

너는 끌과 톱과 망치를 다 내려놓고 황망한 표정으로 의자 위에 쿵 걸터앉는다. 원래 너를 떠올린다. 우주에 하나뿐이었던 그 작품을 떠올린다. 내가 어떻게 생겼었지? 내가 뭘 하고 싶었었지? 기억나지 않는다. 없다. 사라졌다. 아쉽게도 '사라지다'라는 동사에는 감정이 없다. 그래서 우리는 형용사라는 또 다른 언어를 만들어 쓴다. 슬프다.

반대쪽엔 뭐가 있을까?

작은 슬픔 여러 개가 모여 큰 슬픔이 된다. 작은 걱정 여러 개가 모여 큰 걱정이 된다. 작은 상처 여러 개가 모여 큰 상처가 된다. 작은 노여움 여러 개가 모여 큰 노여움이 된다.

이제 반대쪽을 보자.

작은 웃음 여러 개가 모여 큰 웃음이 된다. 작은 기회 여러 개가 모여 큰 기회가 된다. 작은 용기 여러 개가 모여 큰 용기가 된다. 작은 성취 여러 개가 모여 큰 성취가 된다.

반대쪽을 보는 건 그리 어렵지 않다.
고개를 쓱 돌리면 된다.

김밥은 왜 김밥일까?

　단무지 없는 김밥은 앙꼬 없는 찐빵인데 누구도 김밥을 단무지밥이라 부르지 않는다. 왜 그럴까. 시커먼 김에 가려 단무지가 잘 보이지 않아서일까. 성은 김 이름은 밥. 김 씨가 가장 많은 나라에서 비주류로 밀려나지 않으려는 몸부림일까.

　김밥이 김밥인 이유는 포옹에서 찾아야 한다.

　단무지는 밥을 포옹하지 않는다. 햄도 계란도 당근도 시금치도 밥을 포옹하지 않는다. 밥과 반찬 모두를 꽉 껴안는 건 넓은 가슴을 지닌 김뿐이다. 김은 자신이 옆구리 터지는 일이 있어도 껴안기를 포기하지 않는다. 김이 포옹을 포기하는 순간 김밥은 밥과 반찬 모두 비실비실 풀려나와 축 늘어진 싸구려 백반이 되고 만다. 김밥이라는 단단한 이름은 그 뜨거운 포옹에 바치는 이름이다.

　너에게도 나에게도 가슴이 있다. 그러나 그것이 포옹을 포기한 가슴이라면 가슴이라는 이름도 깨끗이 포기해야 한다.

사랑이 뭐냐고 묻는다면?

일찍이 한 가수는 사랑을 '눈물의 씨앗'이라고 정의했고 이 노래는 한때 국민 애창곡이 되었다. 그러나 우리는 지금도 사랑이 뭐냐고 묻는다. 아직 답을 찾지 못한 것 같다.

사랑인지 아닌지는 어떻게 알까.
결혼은 사랑의 시작일까 사랑의 완성일까.
사랑하기 때문에 헤어진다는 말은 말인가 막걸리인가.

역사와 전통을 자랑하는 질문들이다. 오늘도 새로운 답은 쏟아지고 있다. 왜 이렇게 사랑은 정답 찾기가 어려운 걸까. 인수분해도 아닌 것이. 미적분도 아닌 것이. 궁리에 궁리를 거듭하다가 문득 이런 생각이 들었다. 정답 찾기가 어려운 게 아니라 정답이 없는 게 아닐까. 애초에 정답이란 게 존재할 수 없는 것이 사랑 아닐까.

세상엔 정답 없음이 정답인 문제도 있다.

내 사랑이 잘 가고 있는 건지 조바심할 필요 없다. 전문가 상담을 받을 필요도 없다(사랑 전문가가 있다는 것도 우스운 일이다). 사랑에 공식 따위는 없다. 기술 같은 것도 없다. 사랑은 가르치고 배우는 것이 아니라 그냥 하는 것이다. 지금 그대가 하는 사랑과 똑같은 사랑을 한 사람은 인류 역사 어디에도 없었다.

그대가 처음이고 그대가 정답이다.

가훈, 있는가?

우리 집엔 가훈이 없다. 가족 모두를 한 목적지를 향해 줄 세우는 문장 하나가 없다. 왜 없을까. 가훈 정하는 일이 쉽지 않기 때문이다. 장편 소설 한 권 쓰는 것만큼 어렵기 때문이다.

먼저 가훈선정위원회를 꾸려야겠지. 가족 모두는 당연직. 따로 외부 위원을 모실지 말지 토론해야겠지. 모신다면 누구를 모실지, 유급으로 할지 무급으로 할지, 누가 책임지고 모셔 올지도 정해야겠지. 그들에게 이력서를 요구해야 할까. 에이, 그건 너무 갔지. 위원장 선출은 쉽지 않겠지. 거수로 할지, 투표로 할지, 교황 선출 방식을 따를지. 가장이 위원장이어야 한다는 말을 꺼냈다간 본전도 못 찾겠지. 단어 하나로 가자, 문장으로 가자 의견이 분분하겠지. 한자로 가자, 영어로 가자, 우리말로 가자 이 또한 의견이 분분하겠지. 가훈을 정하면 그것을 벽에 걸지, 각자 마음에 새길지도 결정해야겠지. 벽에 건다면 그것을 고딕체로 쓸지, 궁서체로 쓸지도 생각해야겠지. 한번 정한 가훈을 평생 가훈으로 임명할지, 해마다 새 가훈으로 교체할지 그것도 고민해야겠지. 가훈을 어겼을 시 내릴 엄벌도 준비해야겠지.

모두 지치겠지. 가훈을 포기하자는 의견이 나오겠지. 그동안의 수고가 아깝다는 반론도 나오겠지. 어느새 가훈선정위원회는 '가훈을선정할지말지위원회'라는 이름으로 간판을 바꿔 달겠지. 결국 가훈 근처에도 못 가 보고 해산.

 물론 웃자고 한 이야기다. 가훈 하나를 두고 이처럼 파란만장한 투쟁을 하는 집은 없을 것이다. 내 이야기의 요점은 흩어진 생각을 하나로 모으는 것이 지독하게 어려운 일이라는 것. 또 허망한 일이라는 것.
 나는 어릴 적부터 급훈, 교훈, 사훈 같은 것들이 짓고 있는 그 근엄한 표정이 우스웠다. 단 한 번도 그들 명령에 따라야겠다는 생각을 한 적이 없다. 그것들은 나를 압박하지 못했다. 그도 그럴 것이 그것들 대부분은 근면, 정직, 성실 같은 형체도 울림도 없는 말을 내걸고 있었으니까. 행동 하나, 태도 하나 흔들지 못한다면 가훈이 무슨 의미가 있을까. 너희 집은 가훈 있니? 이 질문을 받을 때 잠시 우쭐할 수는 있겠지만.

 벽에 달라붙은 가훈은 죽은 가훈이다. 살아 있는 가훈은 벽에서 떨어져 나와 거실을 걸어 다닌다. 서재에 앉아 책을 읽고 베란다 문을 열고 나가 빨래를 넌다. 아침엔 짝짝이 구두를 신고 출근하기도 한다. 울기도 하고 웃기도 한다. 내 집에 이런 살아 움직이는 가훈이 있는데 굳이 죽은 가훈을 모실 이유가 있을까. 가훈 대신 이런 생각을 모시면 안 될까.

 내 뒷모습이 가훈이다.

세상에 칭찬만 받는 남자가 있을까?

계란 사 오세요. 열다섯 알짜리.
유통기한 꼭 확인하고요.

얼마 전 아내는 내게 계란을 명령했다. 동네 마트로 갔다. 계란을 발견했고 유통기한을 확인했고 집어 들었고 계산대에 섰고 의기양양 집으로 왔다. 우쭈쭈 잘했어요. 아내는 내 엉덩이를 툭툭 치며 흡족해했다. 이 풍경을 목격한 딸이 한마디 했다. 아빠 좋겠다. 계란만 사 와도 칭찬받고.

콩나물 사 오세요. 큰 봉지로.
유통기한도 확인하고요.

며칠 후 아내는 콩나물을 명령했다. 계란을 샀던 마트로 갔다. 커다란 비닐봉지에 담긴 콩나물 무리를 발견했고 유통기한을 확인했고 집어 들었고 계산대에 섰고 의기양양 집으로 왔다. 그녀에게 꽃다발 건네듯 봉지를 안겼다. 우쭈쭈 잘했어요. 나는 이 흐름이 계속 이어지기를 기대했다. 기대는 어긋났다.

미치겠네. 이건 숙주나물이잖아요.

가장 깊은 상처는 누가 줄까?

내 라이벌이 줄까. 사랑이 다 끝나지 않았는데 도망간 그 사람이 줄까. 철석같이 믿었던 친구의 배신이 줄까. 가장 깊은 상처는 가장 가까운 사람이 준다. 가족이 준다. 가족이니까 용서하겠지. 이해하겠지. 형편 좋아지면 그때 가서 잘하면 되지. 이런 나른한 마음이 쌓여 골은 깊어진다. 상처를 제때 때우지 못해 영영 남이 되고 마는 가족도 적지 않다.

말 나온 김에 조금만 더 들어가 보자. 가족은 어느 한 사람을 칭하는 명사가 아니다. 복수명사다. 상처가 되는 가족도 있고 위로가 되는 가족도 있다. 그렇다면 이 질문을 해야겠지. 가족 구성원 중에서 내가 가장 신경을 덜 쓰는 사람은 누구일까.

나.

이 사람에게는 용서나 이해를 구할 생각조차 하지 않는다. 무리한 일을 시키고 고맙다는 말 한마디 안 한다. 내가 나에게 준 것이 상처라는 것도 자각하지 못한다. 자각 증상이 없는 상처는 내 깊은 곳에서 나도 모르게 곪는다.

나를 아껴 써라. 귀하게 소중하게 따뜻하게 대하라. 사랑할 수 있다면 사랑하고 존경할 수 있다면 존경하라. 형편 좋아지면 잘하지 말고 지금 잘하라.

왜 꿈이 커야 할까?

　지렁이야, 달팽이야, 잘 들어라. 높이 뛰어야 멀리 간다. 1미터 높이뛰기에 도전한 벼룩은 도전에 실패하더라도 30센티는 전진한다. 꿈이 크면 덤도 크다.

내가 사는 건지 살아지는 건지
시들시들할 땐?

가장 오랜 삼각관계는 꽃과 나비와 벌의 삼각관계. 그런데 누구 하나 멸종하지 않고 살아남았다. 연적을 없애야 사랑을 독차지하는 비정한 관계가 삼각관계인데 셋 모두 멀쩡하다니. 여전히 그 아슬아슬한 긴장을 유지하고 있다니. 도대체 그들은 뭘 먹고 그 긴 세월 쌩쌩하단 말인가.

질투를 먹고.
생명을 꿈틀거리게 하는 그 뜨거운 에너지를 먹고.

질투 없는 사랑은 느슨하고 질투 없는 공부는 부실하고 질투 없는 사업은 나약하다. 내가 사는 건지 살아지는 건지 시들시들할 땐 내 안에 질투가 동이 난 건 아닌지 들여다볼 일이다.

나무가 겨울을 준비할 때
나뭇잎은 무엇을 준비할까?

여행을 준비한다.

낙엽이라는 이름으로. 또는 자유라는 이름으로. 나뭇잎은 그에게 수분과 녹색을 주고, 크기와 두께와 무게를 준 나무에게 이별의 말도 없이 바람 손을 잡고 떠난다. 그런데 이 풍경 어디서 본 것 같지 않은가. 늘 그 자리에 있는 아버지와 어머니. 언제든 떠날 채비를 하는 아들과 딸.

객석만 무대를 관람할까?

 무대도 객석을 관람한다. 무대와 객석은 막이 오르는 순간부터 조명이 꺼지는 순간까지 서로를 탐색한다. 배우만 배우가 아니다. 객석도 배우다. 분장하지 않은 배우다. 기립과 박수와 환호로 무대 위에 선 배우의 상대역을 하는 배우다. 오만가지 표정으로 오만가지 질문과 오만가지 영감을 무대 위로 던지는 또 하나의 배우다.

 객석에서 무대로 위치 이동이 인생의 목표일 필요는 없다. 무대 위로 오르려 하지 말고 내가 앉은 낮은 곳으로 조명이 찾아오게 하라. 조명의 목은 고정되어 있지 않다.

노인은 왜 지팡이를 쥘까?

나이가 들면 허리가 굽는다. 몸과 땅이 직각으로 만날 수 없다. 사람이면 누구나 한다는 직립보행을 할 수 없다. 그렇다면 노인은 누구일까. 사람과 짐승 중간쯤을 서성거리는 미확인 생명체일까. 이런 서늘한 시선이 싫어 노인은 지팡이를 쥔다. 지팡이는 지팡이 주인이 하지 못하는 직립보행을 할 줄 안다. 지팡이 덕에 직립을 얼추 되찾은 노인은 말한다.

나, 아직 사람입니다.

사람이 사람이라고 말해야 한다는 건 너무 너무 너무 너무 슬픈 일이다. 더 슬픈 건 사람이 사람이라고 말하는 목소리에 힘이 없다는 것. 더더욱 슬픈 건 직립보행을 하는 사람들이 지팡이를 직립보행으로 인정하려 하지 않는다는 것. 생각해 보면 이해할 수 없는 일이다. 왜 자신의 가까운 미래에 등을 돌릴까.

슬기로운 회사 생활을 하려면?

물속으로 출근해.

물속에서는 말을 내보낼 수 없어. 내가 얼마나 뛰어난 신입이었는지, 이미 열두 번도 더 했을 그 말을 새로운 신입에게 또 할 수 없어.

불속으로 출근해.

불속에서는 가만히 앉아 있을 수 없어. 답답하고 따분하고 나른하고 지루하고 고루하고 멍청한 회의실에서 신속히 탈출할 수 있어.

땅속으로 출근해.

땅속에서는 아래로 더 내려갈 수 없어. 바닥보다 훨씬 더 바닥에 내가 위치해 있으니 나를 쓰러뜨리려는 계략도 음모도 태클도 없어.

사랑과 집착의 차이는 무엇일까?

사랑과 집착의 차이를 연구하기 시작했다면 이미 사랑이 식은 거다. 사랑 하나만 연구해도 스물네 시간이 부족할 텐데 집착까지 데려와 함께 살피겠다니. 심하게 수상쩍다. 어쨌든 현미경 들여다보며 연구했다고 치자. 연구 끝에 찾은 건 이 말일 것이다.

너의 사랑이 사랑인 줄 알았어. 집착이었어.

은유라는 기술을 사용했지만 그만 만나자는 말이다. 헤어질 핑계를 집착에서 찾은 꼼수다. 그런데 어쩌지? 연구 과제를 한참 잘못 잡았다. 사랑과 집착은 완전히 같은 말이다. 동시에 왔다 동시에 뜨거워졌다 동시에 식었다 동시에 도망간다. 사랑이 곧 집착이라는 걸 깨달으면 연구 끝에 찾은 아까 그 말은 이별의 말이 아니라 사랑을 확인하는 말이 되고 만다.

너의 사랑이 사랑인 줄 알았어. 사랑이었어.

입만 말을 할까?

부탁을 했다. 두 사람에게 한날한시에 같은 부탁을 했다.

한 사람은 고개를 갸우뚱하며, 해 보겠습니다.
또 한 사람은 입을 꾹 다물고, 해 보겠습니다.

두 사람 다 여섯 글자를 사용한 같은 대답을 했다. 분명 같은 말인데 내 귀엔 다르게 들렸다. 입은 같은 말을 했지만 표정은 다른 말을 했기 때문이다.

한 사람은, 해 보긴 하겠지만 자신 없습니다.
또 한 사람은, 쉽지는 않겠지만 꼭 해내겠습니다.

눈도 말을 한다. 코도 말을 한다. 귀도 말을 한다. 볼도 말을 한다. 턱도 말을 한다. 이마도 말을 한다. 미간도 말을 한다. 눈썹도 말을 한다. 눈물도 말을 한다. 기침도 말을 한다. 하품도 말을 한다. 입이 하는 말은 내가 하는 말의 아주 일부에 불과하다. 입 근육 사용법은 세 살 때부터 배워 잘 알고 있을 터이니 이제 얼굴 근육 사용법을 익힐 차례다. 시간이 허락한다면 허리 근육 사용법도.

수학과 인문학은 어떻게 다를까?

1+1+1+1+1=1

이 등식을 따로국밥과 비빔밥에게 각각 보여 줬다. 따로국밥은 계산이 틀렸다고 했고 비빔밥은 정답이라고 했다. 둘 중 하나는 수학을 헛배웠다. 수학 눈으로 보면 비빔밥이 복도에 나가 손 들고 벌서야 할 것 같은데 인문학 눈으로 보면 이야기가 달라진다.

비빔밥은 수학으로는 설명이 안 되는 맛을 낸다. 나물도 계란도 참기름도 고추장도 고기 부스러기도 내 맛을 고집하지 않기 때문이다. 서로가 서로에게 스며들기 때문이다. 나를 버려 하나가 되는 것이, 나를 버려 우리가 되는 것이 인문학이다.

수학 눈엔 모든 1이 같은 1이다. 의심 없이, 흔들림 없이 1을 1로 계산하면 정답이라는 결과에 잘 도착할 수 있다. 한눈만 팔지 않으면 오답의 강에 처박혀 허우적거리는 일은 없다. 그러나 인문학 눈엔 같은 1이 같은 1이 아니다. 따뜻한 1도 있고 차가운 1도 있다. 여름에 태어난 1도 있고 가을에 태어난 1도 있다. 2보다 큰 1도 있고 0과 다름없는 1도 있다. 한눈을 팔아야 이 모든 게 보인다.

수학은 한눈을 팔지 않는 업이고
인문학은 한눈을 파는 업이다.

수학 공식 하나로 인생을 살 수 없듯 인문학 지식 하나로도 인생을 살 수 없다. 수학과 인문학을 잘 비벼야 하루하루 맛난 인생을 살 수 있다. 때로는 따로국밥을, 가끔은 비빔밥을 먹어 줘야 인생이 물리지 않는다.

어깨로 운 적이 있는가?

한밤중 골목. 한 남자가 울고 있다. 눈물을 들키기 싫어 가로등에서 저만치 떨어졌다. 남자는 들먹들먹 어깨로 운다. 슬퍼서 울거나 아파서 울 땐 어깨를 사용하지 않는다. 그러나 억울해서 울땐 누구나 어깨로 운다. 남자에겐 한 사람이 없었을 것이다. 이 말을 해 주는 한 사람.

누가 뭐래도 나는 너를 믿어.

나에겐 한 사람이 있을까. 자신 없다. 열 사람을 꼽으라면 꼽을 것도 같은데 한 사람을 물으면 자신이 없다. 어깨가 굳지 않도록 잘 주물러 둬야겠다. 오늘 밤에 사용할지도 모르니.

이대로 글을 맺으려니 아쉽다. 이건 어떨까. 나에겐 한 사람이 없더라도 내가 누군가의 한 사람이 되어 줄 수는 있지 않을까. 누가 뭐래도 나는 너를 믿어. 이 한마디가 나의 입에서 나와 누군가의 귀에 들어가게 하는 건 내가 할 수 있는 일 아닐까. 눈으로 울어도 좋고 입으로 울어도 좋고 코로 울어도 좋은데, 어두운 골목에 홀로 서서 어깨로 우는 사람은 없었으면 좋겠다.

멸치 언어에 없는 말은 무엇일까?

멸치는 살아서도 무리 지어 쏘다니고 죽어서도 무리 지어 눕는다. 멸치볶음이 되어서도 무리 지어 냉장고 속으로 들어간다. 마지막 순간까지 외로울 수 없는 동물이 멸치다. 그래서 멸치 언어에는 '혼자'라는 말이 없다. 혼자 출근하는 멸치도 없고 혼자 여행하는 멸치도 없고 혼자 방황하는 멸치도 없다.

멸치는 점으로 움직이지 않고 면적으로 움직인다.

무리 지어 바다를 움직이기 시작하면 고래보다 더 큰 덩치를 가질 수 있다. 사람은 무기를 만들 줄 안다고 으스댄다. 그러나 멸치는 무기를 부러워하지 않는다. 멸치는 무리다. 무리의 힘은 무기의 힘보다 세다.

여기서 궁금한 것 하나. 나도 늘 무리 지어 쏘다니는데 왜 틈만 나면 외로울까. 틈이 문제일까. 사람과 사람 사이의 틈, 좁힐 수 있을까.

나에게 가장 낮은 점수를 주는 사람은?

나를 가장 잘 아는 사람이다. 스물네 시간 나를 미행하는 사람이다. 나랑 거의 한 몸이 되어 붙어사는 사람이다. 오늘의 나뿐만 아니라 어제의 내가 어떻게 살았는지도 아는 사람이다. 아홉 살 내가 동네 구멍가게에서 사탕 하나 훔쳐 달아난 일도 기억하는 사람이다. 설마 그런 사람이 있을까 의심하지 마라. 그런 사람이 있다.

바로 나다.

나는 나를 안다. 세상에서 제일 잘 안다. 아니까 점수를 줄 수 없다. 사탕 도둑에게 몇 점을 줄 수 있겠는가. 그러나 나에게 인색한 나를 미워하지 마라. 체조 경기에서도 가장 높은 점수와 가장 낮은 점수는 버리고 나머지 점수로 평균을 낸다. 내가 나에게 준 초라한 점수는 버려질 점수다. 신경 쓰지 않아도 되는 점수다.

세상은 내가 매긴 점수보다 높은 점수로 나를 채점한다. 문제는 늘 나에게 불만 가득한 나다. 자나 깨나 나를 조심하라.

우연이 자라면 무엇이 될까?

작가가 되려고 도서관에 파묻혀 살다가 우연히 책에도 향기가 있다는 걸 알아 버렸다. 책 냄새에 푹 빠져 도서관 사서가 되었다. 사랑하는 그녀 손에 이끌려 대학로에 갔다가 우연히 록 뮤지컬 〈지하철 1호선〉을 봤다. 연애 때려치우고 연극 학교에 입학했다. 벤처 기업을 창업하여 인공지능 연구를 하다가 우연히 이세돌과 알파고 대국을 봤다. 인공지능 접고 바둑 공부를 시작했다. 세상은 그다지 정교하지 않다. 작은 우연이 생을 크게 흔들기도 한다.

우연이 자라 인연이 된다.
어린 우연에게 어서 빨리 자라라고 재촉하지만 않으면.

후회의 반대말은 무엇일까?

오늘은 평소보다 담배를 두 배쯤 더 피웠다. 수명이 일주일쯤 짧아졌겠지. 이제 내가 할 수 있는 일은 무엇일까. 후회일까. 제 건강 하나 못 돌보는 못난 나를 열심히 꾸짖으면 들이쉰 니코틴 절반이 몸 바깥으로 빠져나올 수 있는 걸까. 그럴 수 없다면 내 몸에 들어간 니코틴 양의 두 배쯤 되는 긍정을 들이쉬는 건 어떨까. 그걸로 수명 되찾기를 시도하는 게 낫지 않을까. 오늘 내가 담배를 많이 피운 까닭에서 긍정의 실마리를 찾을 수 있지 않을까.

하하하, 오늘은 어제보다 두 배 더 치열하게 글을 썼어.
마지막 담배를 사양했다면 이 글도 없었어.

불행한가?

푸른 언덕, 넓은 초원 다 두고 하필 흡연실 입구에서 싹을 틔워 담배 연기와 함께 일생을 살아야 하는 풀도 있다. 파란 하늘을 산책하고 싶었는데 하필 먹구름으로 태어나 생을 시작하자마자 비가 되어 땅으로 추락한 구름도 있다. 그래도 살아간다. 가끔은 허허 웃으며 살아간다.

어제는 흡연실 입구에 사는 풀이 꽃을 피웠다는 얘기를 들었다. 내일은 땅으로 추락한 구름이 다시 하늘에 올라 산책을 시작했다는 소식이 들릴지 모른다.

말은 어떻게 해야 하는지, 글은 어떻게 써야 하는지 알고 싶었다. 국어 선생님을 수소문했다. 모두가 손사래를 쳤다. 바쁘다는 이유였다. 그러나 바쁘다는 건 이유가 아니라 핑계였다. 그들은 더 이상 말과 글을 가르치지 않는다. 법을 가르친다. 대학에 합격하는 법. 그러니 말과 글에 관한 질문을 잔뜩 들고 오겠다는 내가 부담스러웠겠지. 아쉽지만 이해한다.

딱 한 사람을 찾아냈다. 국어선 선생님이다. 이름이 국어선이니 국어 선생님이 될 팔자였을 것이다. 그런데 내게 선생 전화번호를 쥐어 준 사람은 이렇게 말했다. 이분은 비공인 선생님입니다. 세상이 공인하지 않은 선생님이라니. 나는 미덥지 않은 표정으로 번호를 받았다.

8 비공인 선생님 접선기

선생님은 학교에 있을까?

당연히 그럴 거라고 생각했는데 아니었다. 새벽을 달리는 첫 버스 안에도, 동네 포장마차 구석 자리에도 선생님은 있다. 선생님이 아닌 척하며 앉아 있다. 얼굴 자랑 하지 말라는 순천 선암사 겹벚꽃 아래에도, 주먹 자랑 하지 말라는 벌교 질퍽한 뻘밭에도 선생님은 있다. 선생님이 아닌 척하며 싸목싸목(천천히) 걷고 있다.

가르치지 않고 가르치는
충고하지 않고 충고하는
격려하지 않고 격려하는 진짜 선생님은 학교 밖에 있다.

국어선 선생님을 만나기 위해 나는 낚시터를 찾아야 했다. 친구 따라 한두 번 낚싯대 던져 본 게 전부인 나는 수업 준비를 어떻게 해야 할지 몰랐다. 낚시용품점으로 갔다. 이것도 빌리고 저것도 빌리고 해서 낚시꾼 모양을 냈다. 모양을 냈다고 했지만 내가 봐도 영 어색했다. 몸에 맞지 않은 책가방을 둘러멘 어설픈 전학생 모습이었다.

호수는 생각보다 고요했고 선생이 앉은 주위는 생각보다 지저분했다. 낚아 올린 물고기는 보이지 않았고 찌그러진 깡통 속 수북한 담배꽁초가 그가 꽤 긴 시간 이곳에 앉아 있었음을 말해 줬다. 옆자리는 비어 있었다. 그곳에 슬며시 엉덩이를 갖다 댔다.

젖은 재떨이에서 젖지 않은 꽁초를 발견하는 기쁨을 아십니까?

선생은 내게 시선도 주지 않고 대뜸 물었다. 기습이었다. 나는 질문이 나를 향한 것인지조차 의심스러운 눈으로 반문할 수밖에 없었다.

네?

안다면 설명할 이유가 없겠지요. 모른다면 설명해도 공감할 수 없을 터이니 애써 설명할 필요가 없겠지요. 세상 설명의 절반은 말의 낭비입니다.

네.

나는 대답인지 신음인지 모를 말을 뱉었다. 말의 낭비. 말의 낭비. 이 한마디에서 비공인의 저력 같은 것을 느꼈다. 나는 입을 최소한으로 사용해야겠다 마음먹고 낚싯줄을 던졌다.

고기 좀 잡히십니까?

뭐라도 말을 붙이려고 물었다. 묻고 나서 아차 싶었지만 말을 회수할 수는 없었다. 잡은 물고기가 없다는 걸 뻔히 알면서 이런 질문을 하다니. 행여 조롱으로 듣지는 않았을까. 에이, 괜찮겠지. 날이 많이 선선해졌네요, 같은 가벼운 인사로 들어 줄 거야. 스스로 위안을 하고 걱정에서 벗어나려는 순간 또 다른 걱정이 밀려들었다.

고기 좀 잡히십니까.
고기 좀 잡힙니까.

어떤 말이 맞는 거지? 내가 선생에게 써야 할 존칭을 물고기에게 쓴 건 아닐까. 국어 선생님 앞에서 이런 실패를 하면 안 되는데. 어쩌지? 내 눈빛이 흔들리는 걸 읽었을까. 선생은 사람 좋은 미소를 지으며 말했다.

고객님, 커피 나오셨습니다.

이런 말 어떻습니까. 이상합니까. 물론 공인 선생님 귀에 들어갔다면 따끔 혼났겠지요. 그런데 존칭을 왜 사람에게만 써야 하죠? 커피도 누구보다 치열한 삶을 살았을 겁니다. 원두라는 차가운 고체가 제 몸을 부숴 뜨거운 액체로 다시 태어나는 게 어디 쉬운 일이었겠습니까. 존경받을 자격 있다고 생각합니다.

제가 아시는 분 중에 유재석이 있습니다.

이 말은 또 어떻습니까. '아시는'이라는 말이 거슬립니까. 남에게만 존칭을 써야 한다는 법도 없습니다. 내가 나를 존대하는 태도, 나는 오히려 보기 좋던데요. 그는 시선을 호수 쪽으로 옮기며 제법 큰 소리로 말했다. 지렁이님, 너무 애쓰지 마요. 나 물고기 잡아 먹고사는 어부 아닙니다.

존칭에 대한 그의 넉넉한 해석 덕에 위기를 넘겼지만 순간 긴장한 건 사실이다. 나는 그 자리에서 전략을 재정비했다. 허튼 질문 치우고 메모지에 적어 간 것만 차례로 묻기로.

세상에서 가장 따뜻한 말은 무엇입니까?

메모지 맨 위에 놓인 질문을 했다. 내 머릿속에선 사랑이나 포옹 같은 말이 왔다 갔다 했다. 빤한 답이지만 온돌방이나 털장갑 같은 말보다는 격조 있는 말이라고 생각했다. 그는 질문을 기다렸다는 듯 빠르게 대답을 내놓았다.

집에 가자.

박카스보다 좋은 피로 회복제가 있다면 그건 집일 것입니다. 집은 하루의 피로를 풀어 주고 외로움도 녹여 줍니다. 내가 하루를 숨 막히는 전쟁터에서 보냈다 해도 집은 휴전을 선언합니다. 내일 아침 집을 나설 때까지 총알 맞을 일은 없습니다. 집은 휴식이고 충전이고 안전이고 평화입니다.

집에 가자. 이 짧은 말에는 따뜻함 두 개가 들어 있습니다. 집에 가라, 가 아니니까요. 따뜻함 여러 개가 모인 것을 우리는 가족이라 부릅니다. 어쩌면 우리는 매 순간, 엄마 또는 아빠 또는 누나가 집에 가자고 내게 손 내미는 한 장면을 기다리며 사는지도 모릅니다.

그다음 따뜻한 말은 무엇입니까?

우리 집에 가자.

저녁이 아름다운 건 돌아갈 집이 있기 때문입니다. 그런데 우리 곁엔 돌아갈 집이 없는 사람도 있습니다. 집이 있어도 오늘은 돌아갈 수 없는 사연도 있습니다. 이 사람의 하루를 따뜻하게 안아 주는 말은 우리 집에 가자고 손 내미는 말 아닐까요.

그는 새 담배에 불을 붙이며 말을 이었다. 저녁은 참 고마운 시간입니다. 사람과 사람 사이에 놓인 한낮의 경계와 의심을 어둠으로 싹 지워 주니까요.

따뜻한 말 또 없을까요?

따뜻한 걸 자꾸 찾는 나를 놀리듯 그가 되물었다. 많이 추우세요? 재미없는 농이었다. 나는 재미있는 척 과장을 섞어 웃어 줬다.
때로는 말을 하지 않는 것이 가장 따뜻한 말이지요. 타인의 나약에 대해, 나태에 대해, 포기에 대해 너도나도 한마디씩 말을 보탠다면 그 사람은 말의 홍수에 밀려 떠내려갈지도 모릅니다. 나는 귀에 넣어 둔 그의 말을 꺼내어 입에 넣고 다시 굴렸다. 말의 낭비. 말의 낭비.

이 노래 아세요?

그러고 보니 그는 음악을 듣고 있었다. 질문 몇 개를 주고받으며 마음이 편안해졌는지 내 귀에도 음악이 들리기 시작했다. 아는 노래였다.

잠자코 홀로 서서 별을 헤어 보노라.

이병기 시에 이수인이 곡을 붙인 〈별〉이라는 가곡의 마지막 가사다. 그는 입에 소주 한잔을 막 털어 넣은 표정으로 이렇게 말했다. 늙음을 이보다 쿨하게 정의한 노래가 또 있을까요. 그런가요? 이게 늙음을 표현한 가사인가요? 시인이 무엇을 말하려 했는지는 중요하지 않지요. 내 마음 가는 대로 해석하면 그만이지요. 공인 국어 시험에서 작가 의도를 묻는 문제가 가장 우습지 않나요? 하하.

> 오래 시끄러웠으니, 잠자코.
> 이젠 곁에 아무도 없으니, 홀로 서서.
> 내가 올라갈 곳이 어디인지 찬찬히 살피며, 별을 헤어 보노라.

그는 웬만큼 늙었고 나는 충분히 늙었다. 늙은이는 이런 사람이라고, 이렇게 살아야 한다고 노래가 말을 한다는데 그 말에 반박할 수 없었다.

젊어 고생은 사서 하라는 말은 누가 했을까요?

늙음 이야기에 기분이 살짝 내려앉았다. 분위기를 바꾸려고 젊음 이야기를 꺼냈다. 젊어 고생은 사서 하라는 말. 예전부터 동의하기 어려웠던 말이다. 그의 생각을 듣고 싶었다. 메모지에 적어 온 질문은 아니었다.

늙은이가 했겠지요.

젊을 땐 사고 싶은 게 백만 가지인데 뭐 먹을 게 있다고 그깟 고생을 산단 말입니까. 인생은 고생입니다. 인생과 고생은 완전히 같은 말입니다. 좀처럼 끝나지 않는 90부작 고생극 같은 것이 인생이라는 말입니다. '○○일보 사절'이라고 써 붙여도 매일 배달되는 종이 신문처럼 고생은 하루도 거르지 않고 우리를 찾아옵니다. 그걸 돈 주고 사라니요. 미친 짓이지요. 그런데 늙은이로 추정되는 이 사람은 왜 이런 말을 했을까요. 다시 찾지 않을 우물에 퉤 침 뱉는 심보 아니었을까요.
젊어서든 늙어서든 고생과 멀어질 수 있다면 멀어져야 합니다. 잠시 잠깐이라도 고생에서 도망갈 수 있다면 악착같이 도망가야 합니다. 젊어 고생이 약이 된다면 늙어 고생도 약이 되겠지요. 약은 늙은이에게 더 필요하지 않을까요.
나이를 먹으면 지혜로워진다는 말도 분명 늙은이가 했을 것입니다. 어쩌면 늙은이 말을 받아 적지 않는 것이 가장 큰 지혜인지도 모릅니다.

젊음 이야기를 꺼냈다고 생각했는데 이야기의 끝은 다시 늙음을 향하고 말았다. 두 늙은이의 대화를 들으려고 물 밖으로 나오는 물고기는 없었다.

괴벨스 아세요?

선생이 툭 물었다. 나치 독일의 선동가 말입니까. 네, 그 괴벨스가 말했지요. 거짓말도 크게 자주 반복하면 사람들은 그 말을 믿는다. 동의하세요? 뭐 대략 동의합니다. 물론 괴벨스의 거짓말은 지구 곳곳을 피로 물들였지요. 하지만 거짓말이 꼭 나쁜 것만은 아닐 것입니다. 착한 거짓말도 있다는 뜻인가요? 그렇습니다. 괴벨스가 했던 몹쓸 짓을 내가 나에게 하는 겁니다.

> 나는 할 수 있어.
> 나는 쓸 수 있어.
> 나는 풀 수 있어.

내가 나에게 하는 거짓말입니다. 당장은 할 수 없고 쓸 수 없고 풀 수 없는데 가능하다고 말하는 것이니 거짓말 맞습니다. 이 거짓말이 힘을 받으려면 말에 어떤 기술을 넣어야 할까요. 말에 기술을 넣는다는 말이 말에 기술을 넣은 것처럼 신선했다.

먼저 괴벨스 주장처럼 크게 말해야 합니다.

입이 하는 말이 귀에 닿도록 소리로 말해야 합니다. 입이 수고를 좀 해야 하는데 그 정도 노동은 괜찮습니다. 그런 일 하라고 하루 세 번 밥도 주지 않습니까. 머릿속을 유영하는 생각이 고인 물이라면 입을 나와 귀를 향해 달리는 생각은 이미 파도입니다. 관성이 다릅니다. 실행으로 실천으로 이어지는 힘이 다릅니다. 남의 귀에까지 들리면 더 좋습니다. 그때부턴 혼잣말이 아니라 세상에 선언한 말이니 그 말을 책임지려는 노력도 커지겠지요.

또, 여러 번 반복해서 말해야 합니다.

할 수 있어. 할 수 있어. 할 수 있어. 귀에 딱지가 앉을 때까지 같은 말을 거듭거듭 반복하면 말의 힘은 점점 세지고 그 말을 밀어내려는 저항은 점점 약해집니다. 그때부터 긍정이 나를 지배하기 시작하는데, 이를 셀프 가스라이팅이라 불러도 좋습니다. 결국 나는 내 거짓말에 속아 할 수 있고 쓸 수 있고 풀 수 있는 사람이 되고 맙니다. 암벽 등반도 할 수 있고 장편 소설도 쓸 수 있고 고부 갈등도 풀 수 있는.

크게.
자주.

뭐 그렇게 어려운 기술도 아니다. 나는 늘 남보다 목소리를 키우려 안달했고 했던 말 또 하기 일쑤였다. 늘 써 왔던 기술을 남이 아닌 나에게 쓰면 된다. 내 입이 고요한 호수에 작은 파장을 만들었다. 나는 낚을 수 있어.

책은 책일까요?

찌그러진 깡통 재떨이 곁엔 책 몇 권이 아무렇게나 놓여 있었다. 어차피 물고기 입질도 없고 해서 그중 한 권을 집어 들었다. 물론 그의 허락을 얻고. 카피라이터 정철이 쓴 《카피책》이라는 책이었다. 제목이 낯설지 않았다.
몇 장을 넘겼다. 여기저기 밑줄. 군데군데 메모. 책도 그가 앉은 자리만큼 지저분했다. 그는 내게 선문답하자는 듯 책이 책인지 물었다. 내 딴에는 꽤 멋진 대답을 생각해 냈다. 산은 산이고 물은 물이고 책은 책이지요. 그의 대답은 달랐다.

책은 공책입니다.

연필을 쥐고 책을 읽으십시오. 행간에 또 글자가 인쇄되지 않은 여백에 내 생각을 적어 가며 읽으십시오. 밑줄 긋고 별표 그리며 더럽게 더럽게 읽으십시오. 손에 잡히는 모든 책을 공책으로 만들어 버리는 겁니다.
머릿속에서 꿈틀거리는 생각은 안개처럼 뿌옇습니다. 내 생각이 정확히 뭔지 나도 잘 모릅니다. 하지만 그 뿌연 생각을 글로 옮기면 안개가 살살 걷히며 형체가 보이기 시작합니다. 보이지 않던 생각이 보이는 생각으로 바뀌는 거지요. 그런데 생각을 글로 옮기는 작업을 책 다 읽고 나서, 따로 시간 내서, 새 공책 한 권 사서 나중에 해야지 마음먹으면 그게 됩니까. 그때쯤이면 생각은 머리를 탈출해 십 리 밖으로 도주하고 없을 것입니다. 어렵게 붙잡은 생각을 놓치기 싫다면 붙잡은 그 순간 책 속에 가두는 겁니다. 그게 가장 안전합니다.
행간에 적을 만한 내 생각이라는 것이 없다고요? 하하, 쓸데없는 걱정. 책에 적힌 작가의 생각이 내 생각을 흔들어 깨워 줍니다. 그것을 받아 적으면 됩니다.

선생 말에 따르면 지금 그대가 손에 쥔 이 책도 공책이다. 어떻게 읽고 있는가. 책이 질러 준 생각을 질질 흘리며 읽고 있지는 않은가.

지시와 의견은 어떻게 다를까요?

그는 연이어 질문 주도권을 행사했다. 내가 어떤 대답을 했을까. 예상했겠지만 싱거운 대답을 하고 말았다. 지시는 따라야 하는 것이고 의견은 따르지 않아도 되는 것 아닙니까. 대답을 하면서도 자신이 없었다. 그래서 '입니다'라고 말을 종결하지 못하고 '아닙니까'라는 의문문을 썼다. 불안한 예감은 틀린 적이 없다.
내 생각은 다릅니다. 지시와 의견은 같은 말입니다. 사장의 지시는 사장의 의견이고 부장의 지시는 부장의 의견입니다. 예수의 지시는 예수의 의견이고 부처의 지시는 부처의 의견이지요.

지금 나를 짓누르는 지시가 있다면 지시를 의견으로 교체해 보십시오.

국가의 의견
조직의 의견
의사의 의견
아내의 의견

어떻습니까. 마음이 한결 가볍지 않습니까. 모든 지시는 의견입니다. 실은 의견인데 그 사람이 나보다 우월한 위치에 있어 지시로 들리는 것입니다. 오늘 내 귀에 쏟아지는 지시와 명령과 충고와 경고를 다 수용하려 하다가는 내일이 오기 전 질식사합니다.

단 자연은 예외입니다.

자연은 인간에게 이래라저래라 지시하지 않습니다. 조용히 의견만 말합니다. 이 호수도 작년에 비하면 한 걸음 이상 수면이 내려갔습니다. 이게 호수의 의견입니다. 그러나 이를 호수의 단순 의견으로 치부하고 만다면 우리 모두는 크게 혼쭐이 날 것입니다. 모든 지시는 의견이지만 자연의 의견은 지시라는 말입니다. 나는 그의 부전공이 철학일 수도 있겠다는 생각을 했다.

글을 잘 쓰는 비법 같은 게 있을까요?

말에 대한 질문은 어느 정도 소화한 것 같아 글을 묻기로 했다. 글 잘 쓰는 비법을 묻는 나에게 그는 짧은 미소를 보였다. 하수들의 질문이라고 은근히 무시하는 것 같아 기분이 좋지는 않았지만 못 본 척했다. 쪽팔림을 주고 지혜를 얻는다면 충분히 남는 장사라고 생각했다.

이건 내게 묻지 않아도 됩니다. 길 가는 아무 김 씨를 붙잡고 물어도 좋습니다. 시답잖은 대답을 듣더라도 김 씨가 시키는 대로 글쓰기를 시작하십시오. 왼손으로 글을 쓰라 하면 왼손으로 쓰십시오. 형광펜으로 글을 쓰라 하면 형광펜으로 쓰십시오. 매일 오후 3시 13분에 글을 쓰라 하면 또 그렇게 하십시오. 얼마 안 가서 놀라운 일이 일어납니다. 꿈속에서라도 듣고 싶었던 이 황홀한 말을 듣게 됩니다. 너는 어쩜 그렇게 글을 잘 쓰니?

　왜냐면, 글을 쓰기 시작했으니까요.
　글을 잘 쓰는 유일한 비법이 글을 쓰는 거니까요.

영감은 떠오르는 것일까요?

어쩌면 나는 이 질문을 하려고 선생을 찾았는지도 모른다. 책상 앞에 앉은 나는 늘 영감 부족 때문에, 글감 소진 때문에 고전했으니까. 그는 내 질문에서 단어 하나만 바꿔 내게 되물었다.

물고기는 떠오르는 것일까요?

스스로 물 위로 떠올라 낚시꾼 품에 안기는 물고기는 없지요. 영감은 물고기 같은 것입니다. 떠오르는 게 아니라 낚는 것입니다. 영감에도 무게가 있습니다. 작은 영감은 멸치만 할 것이고 큰 영감은 고래만 할 것입니다. 멸치든 고래든 중력의 법칙을 피할 수 없습니다. 아무 힘도 쓰지 않았는데 저절로 떠오르는 영감은 없습니다.

자, 이 넓은 호수 어디쯤에 영감이 있을까요. 아무도 모릅니다. 강태공도 모르고 유시민도 모릅니다. 하지만 영감을 낚겠다고 마음먹은 사람은 무조건 자리를 잡습니다. 어디든 자리를 잡습니다. 자리 잡고 앉아 지렁이를 물속으로 던집니다. 그다음 할 일은 무엇일까요.

기다립니다.
기다립니다.
기다립니다.

언제까지 기다리느냐고요? 언제일지는 강태공도 모르고 유시민도 모릅니다. 영감을 낚겠다는 사람이 할 일은 눈에 멀미 날 때까지 찌를 쏘아보며 기다리는 일뿐입니다. 그러다 움찔움찔 입질이 왔다 싶으면 거침없이 낚아 올리는 겁니다.

그런데 낚아 올린 물고기가 매운탕에도 들어갈 수 없는 피라미일 수도 있습니다. 낚고 보니 물을 잔뜩 먹은 구두 한 짝일 수도 있습니다. 그다음 할 일은 무엇일까요. 실망일까요, 체념일까요. 다시 기다림입니다. 남보다 영감이 뛰어난 사람이 있다면 그는 머리가 좋은 사람이 아니라 기다림이 좋은 사람입니다. 기다림이 깊은 사람입니다.

영감이 떠오르면 그때 글을 쓰겠다는 건 글을 쓰지 않겠다는 말과 같습니다. 영감엔 부력이 없습니다. 저절로 떠오르는 일은 결코 없습니다. 그의 대답은 지치지도 않고 명료했다.

글의 원료는 무엇일까요?

커피 하시지요? 선생은 보온병에서 커피 한잔을 따라 내게 권했다. 호숫가에서 마시는 커피는 향이 잔잔해서 더 좋았다. 이제 그는 내게 커피를 권한 이유를 말할 것이다. 그는 말 하나 행동 하나 허투루 하는 법이 없으니까.

이 커피의 핵심 원료는 원두입니다. 저기 있는 저 라면의 핵심 원료는 뭘까요. 밀가루입니다. 커피나 라면을 생산하려면 돈이 필요합니다. 빌린 돈이든 훔친 돈이든 돈을 주고 원두나 밀가루를 사야 합니다. 세상엔 공짜 원두도 공짜 밀가루도 없습니다.

그렇다면 글의 핵심 원료는 무엇일까요. 연필과 종이일까요. 한글입니다. 가나다라마바사 한글입니다. 아자차카타파하 한글입니다. 그런데 쓰임새가 어마무시 광활한 이 원료는 놀랍게도 공짜입니다. 우리 조상은 써도 써도 닳지 않는 이 무한 원료를 우리에게 공짜로 줬습니다. 덕분에 우리 후손들은 돈 한 푼 안 들이고 글을 생산합니다.

누군가는 글을 써서 번 돈으로 커피도 사고 라면도 삽니다. 그런 사람을 작가라 하는데, 작가와 작가 아닌 사람의 품질 차이는 생각보다 크지 않습니다. 어쨌든 이 땅에 사는 우리 모두가 이 공짜 원료에게 고마워해야 하지 않을까요. 고마움을 표현하는 방법은 뭘까요.

받은 그대로 사용하는 것입니다.
받은 그대로 물려주는 것입니다.

한글이 있어야 할 자리에 알파벳이 놓여 있지는 않은지, 한자가 놓여 있지는 않는지, 히라가나나 가타카나가 놓여 있지는 않은지 잘 감시하는 것입니다.

세상에서 가장 어려운 글은?

시일까요. 소설일까요. 연설문일까요. 아니면 박사 논문 같은 걸까요. 물론 쉬운 글은 없겠지만 선생님은 어떤 글 쓰는 게 가장 어렵나요.

연애편지 첫 줄 아닐까요.

잘 있었니? 이 문장도 그렇고, 문득 네 생각이 났어. 이 문장도 그렇지요. 첫 줄은 늘 어렵습니다. 그렇다고 첫 줄 건너뛰고 둘째 줄부터 쓸 수는 없는 일 아닙니까. 내가 여태 혼자인 것도 연애편지 첫 줄에서 막혀서인지도 모르지요. 하하.
그는 자신이 독신임을 밝혔다. 우리가 웬만큼 친해졌다는 선언일까. 그러고 보니 처음 대면했을 때의 서먹함은 사라지고 내 표정도 그의 표정도 꽤 많이 풀려 있었다. 나도 내 안의 것을 꺼내야 할 것 같아 아내가 들으면 큰일 날 말을 하고 말았다. 솔직히 나는 독신이 부럽습니다. '솔직히'라는 단어를 써 버렸다.

잠시만, 지금 '솔직히'라고 하셨습니까. 좋은 생각이 났습니다. '솔직히'라는 말에서 생각 하나를 낚았습니다. 당신이랑 말을 주고받길 잘했습니다. 어려운 문제일수록 혼자 고민하지 말라는 말이 맞는 말이었어요. 지금 이 마음, 첫 줄 쓰기를 어려워하는 이 마음을 그대로 연애편지 첫 줄로 가져가면 어떨까요. 가장 솔직한 글이 가장 좋은 글이니까요.

세상에서 가장 어려운 글이 너에게 쓰는 첫 줄인 것 같아.

진짜와 가짜는 어떻게 구별할까요?

가장 솔직한 글이 가장 좋은 글이라는 말, 크게 공감합니다. 그런데 이 말은 솔직하지 않은 글도 있다는 말 아닙니까. 작가에도 진짜와 가짜가 있다는 뜻일까요.
그럼요, 글에 진짜 가짜가 있다면 글을 생산하는 글쟁이에도 진짜 가짜가 있겠지요. 어디 글쟁이뿐이겠습니까. 진짜 선생도 있고 가짜 선생도 있습니다. 진짜 군인도 있고 가짜 군인도 있습니다. 진짜 약도 있고 가짜 약도 있습니다. 진짜 위로도 있고 가짜 위로도 있습니다. 진짜와 가짜가 마구 뒤섞여 사는 게 세상일 겁니다.

우선은 내가 진짜인지 가짜인지 그것부터 알고 싶네요. 어떻게 알 수 있죠? 진짜와 가짜를 구별하는 법이 있을까요?
진짜와 가짜, 둘에게 주어지는 시간은 같습니다. 그런데 같은 시간을 다르게 씁니다. 진짜는 나를 살피는 데 쓰고 가짜는 남의 눈을 살피는 데 씁니다. 진짜는 더 충실한 진짜가 되는 데 쓰고 가짜는 더 화려한 가짜가 되는 데 씁니다.

내가 진짜인지 가짜인지 알고 싶다면 무허가 철학관 같은 곳 찾지 마십시오. 당신과 나의 대화를 기록한 이 책 어딘가에 답이 있지 않을까 뒤적거리지도 마십시오. 내가 누구인지는 내 눈이 말합니다. 진짜의 시선은 나를 향합니다.

　　가짜는 글을 쓰고 진짜는 나를 씁니다.

육하원칙 중 가장 중요한 건 뭘까요?

육하원칙 아시죠? 누가. 언제. 어디서. 무엇을. 어떻게. 왜. 글을 쓰려면 이 여섯 가지 원칙을 비벼 넣어야 한다는데 이 중 가장 중요한 건 뭘까요?

　　왜?

모든 글에 이 여섯 가지를 다 넣을 수는 없는 일 아닙니까. 한두 개 놓치더라도 결코 놓쳐서는 안 되는 게 있을 것 같아서요.

　　왜?

아니, 이 여섯 가지를 다 넣겠다는 생각이 너무 강하면 글이 억지스럽거나 경직될 것 같아서 그럽니다. 세상만사가 그렇지 않습니까. 원칙이나 공식에 집착하면 자연스러움을 놓치잖아요.

왜?

아, 아, 이제 이해했습니다. 핵심은 왜? 라는 질문이군요. 다른 건 다 놓쳐도 글을 왜 쓰는지, 이것만은 놓치지 말라는 말씀이군요. 명심하겠습니다. 그런데 이 말을 이렇게 이해해도 될까요. 삶에도 육하원칙이 있다면 그중 가장 중요한 것은, 왜 사는가?

사이시옷은 언제 어떻게 쓰나요?

준비해 온 질문이다. 공인 선생님이라면 이런 대답을 하겠지. 두 단어를 붙여 합성명사를 만들 때 앞 단어 끝에 붙이는 시옷. 나도 대충은 아는 답이다. 이런 대답을 듣자고 질문을 던진 건 아니다. 기대했던 대로 비공인의 대답은 달랐다. 그는 두런두런 자신이 겪은 이야기를 했다.

엊그제 전셋집을 구하러 인천에 갔는데 쉽지 않았습니다. 때 아닌 장대비가 왔고 비를 피해 바닷가 찻집에 홀로 앉았습니다. 창밖에선 바다가 빗물에 시달리고 있었습니다. 덩칫값 못 하는 내 모습 같다고 혼잣말을 했습니다. 햇살이 다시 나왔습니다. 뱃속이 허해 순댓국집을 찾았습니다. 깻잎무침이 반찬으로 나오자 소주 생각이 났고 집 구하기는 훗날로 미뤘습니다.

> 사이시옷 열한 개로 쓴 글입니다.

이럴 때 이렇게 쓰면 됩니다. 하지만 너무 매달리지는 마십시오. 맞춤법 좀 틀린다고 지구 멸망하지 않습니다. 북엇국을 북어국이라 써 붙였다는 이유로 그 식당에 발을 끊는 사람은 없습니다. 중요한 건 맞춤법이 아니라 말의 방향입니다. 내가 어디를 향해 걷는지가 중요하지, 그 길이 꽃길인지 돌길인지는 중요하지 않다는 말입니다.

그는 이론을 설명하지 않았다. 사이시옷이 어떻게 쓰이는지 실제 사례를 펼쳐 보여 주었다. 나는 그의 사연을 들으며 사이시옷 사용법이 아니라 질문에 어떻게 대답해야 하는지를 배웠다. 원칙이나 법칙에 끌려다니지 않는 유연함도 배우고 싶었다.

언어유희와 아재 개그의 차이는 무엇입니까?

나는 말장난을 좋아한다. 흔히 언어유희라 부르는 그 말장난. 그런데 이게 수위 조절이 어렵다. 조금만 선을 넘어도 아재 개그가 되어 버린다. 둘을 나누는 선이라는 것도 선명하지 않다.

선생에게 물었다. 언어유희와 아재 개그의 미세한 차이를. 그의 대답은 짧았다.

없습니다.

작가가 쓰면 언어유희, 아재가 하면 아재 개그입니다. 세상 참 불공평하지요. 그런데 작가는 작가 자격을 길 가다 주웠을까요. 작가라는 말을 듣기까지 아재 개그라는 조롱을 하루에 열두 번씩 듣지 않았을까요. 그 시간을 견뎠겠지요. 이겨 냈겠지요. 아재 개그라는 비난을 두려워해서는 언어유희에 도착할 수 없습니다. 의미와 재미를 동시에 붙잡는 말장난을 실컷 하고 싶다면 닥치고 맷집입니다. 맷집이요?

손이 아니라 배로 글을 쓰는 겁니다.

자, 비평을 가장한 비난의 화살이 쏟아집니다. 피하지 않습니다. 숨지 않습니다. 당당하게 과녁이 됩니다. 공기를 최대한 빵빵하게 넣은 배를 내밀어 화살을 상대하는 겁니다. 이때 양손을 등 뒤로 가져가면 볼록 효과가 커집니다. 어휘력이나 표현력이나 설득력은 다음다음 문제입니다. 위축과 주눅에서 벗어나야 쓰고 싶은 글을 쓸 수 있다는 말입니다.

글은 설계한 후에 써야 할까요?

늘 궁금했다. 글을 짓는 것이 집을 짓는 것과 같다면 설계도가 있어야 하지 않을까. 설계 없이 마구 써 내려가면 글이 휘청거리지 않을까. 그래서 물었다. 선생은 뭔가 생각났다는 듯 가방을 뒤져 편지 한 장을 꺼냈다. 엊그제 받은 편지인데 이 편지를 따라가면 대답이 보일 것 같습니다. 내가 읽어 보겠습니다. 좀 깁니다.

국어선 선생님에게.

문득 당신이 생각났습니다. 당신이 생각나자마자 편지지를 꺼냈습니다. 전화나 문자가 아니라 편지인 건 할 말이 많아서가 아닙니다. 그동안 나는 잊었습니다. 당신에게 편지하겠노라 약속한 걸 까맣게 잊었습니다. 당신이 생각나자 약속이 생각난 것입니다. 이제라도 기억이 살아나 얼마나 다행인지 모릅니다. 만약 내 편지를 기다리다 목이 빠져 정형외과에 출입하고 계신다면 그건 내 불찰이니 치료비는 전액 내가 부담하겠습니다. 눈은 빠지지 않았는지 걱정입니다.
그런데 작은 문제가 있습니다. 큰 문제일 수도 있습니다. 내가 왜 편지를 드리겠다고 했는지 그 이유가 도통 생각나지 않습니다. 그렇다면 나는 지금 뭘 쓰고 있는 걸까요. 그냥 씁니다. 그냥 쓰지만 시진핑이나 트럼프에게 하고픈 말은 아닐 것입니다.

당신에게 쓴다는 것만은 확실합니다. 무엇은 없고 누구만 있는 편지. 나도 처음 쓰는 어색한 편지입니다.
누구나 그럴 때가 있지 않습니까. 깜빡 기억력. 깜빡 건망증. 나는 가끔 안경을 쓴 채 푸하푸하 세수를 합니다. 자동차 위에 커피를 올려 두고 부르릉 출발합니다. 편지 약속 위반도 이런 깜빡이 저지른 일이니 오해는 없었으면 합니다.

사람 머리에는 한계가 있습니다. 기억력에도 한계가 있겠지요. 상상력, 창의력, 통찰력 다 마찬가지일 것입니다. 한계에 부딪혔을 때 여기까지구나 하며 그 자리에 멈춰 선다면 한계는 나를 우습게 알 것입니다. 흥, 그깟 한계가 뭔데, 콧방귀 뀌며 머리 박고 대들어야 한계도 나를 달리 봅니다. 가끔은 주춤주춤 뒤로 물러납니다. 나는 지금 그 일을 하는 것입니다. 기억의 한계와 싸우는 것입니다. 이 일만으로도 벌써 서른세 문장을 썼습니다. 지금 막 서른네 문장이 되었네요. 이렇게 당신을 향해 끼적거리다 보면 곧 그날 기억도 돌아올 거라 믿습니다.
이 글이 어디로 달려갈지, 어디에 도착할지 글을 쓰는 나도 모릅니다. 하지만 글은 이렇게 쓰는 거라는 것은 압니다. 일단 쓰고 보는 거라는 것은 압니다.
글을 쓰고 있으면 연필 끝에서 손등과 팔뚝을 지나 어깨를 타고 어떤 물질이 위로 올라옵니다. 말로 설명하기 어려운 물질입니다. 누구도 이름을 붙인 적 없는 묘령의 물질입니다. 어깨 위로 올라온 물질은 글을 시작할 땐 없었던 상쾌한 또는 발칙한 또는 우아한 생각을 찾아 내 머릿속에 밀어 넣어 줍니다. 신통하고 방통한 일입니다. 지금껏 나는 이 물질의 도움을 받아 글을 써 왔습니다. 녀석에게 근사한 이름을 지어 줘야겠습니다. 지금도 나는 녀석이 다음 문장을 찾아 주고 또 건망도 치워 줄 거라 기대합니다. 아, 지금 막 묘령의 물질이 일을 시작하는 것 같습니다. 뭔가를 내 머리에 밀어 넣는 것 같습니다.

생각났습니다. 왜 내가 편지 약속을 했는지 생각났습니다. 우리 둘 사이 핑크빛 사연 같은 걸 은근히 기대했는데 그런 건 없었네요. 아쉽습니다.
그날 나는 내 만년필 자랑을 했습니다. 묵직한 필기감을 자랑했습니다. 당신은 부러워했습니다. 그 만년필로 쓴 글을 보고 싶다고 했는데 그때 내 손에 그것이 없었습니다. 그래서 편지를 쓰겠노라 약속한 것입니다. 왜 내가 전화를 드린다고 하지 않았는지 이제 알겠습니다. 기억나시지요?
내가 말하지 않았습니까. 쓰다 보면 쓸 것이 생각난다고. 물론 첫 문장을 시작할 땐 이런 허망한 결론으로 편지가 끝나게 될지 몰랐습니다. 그래도 건진 건 있습니다. 건망이 없었다면 당신과 나는 이처럼 길게 대화하지 않았을 테니까요. 내 편지는 달랑 이 한 문장이었을 테니까요.

어때요, 이 만년필?

추신. 만에 하나 당신이 나랑 만년필 이야기를 나눈 그 사람이 아니라면 시간 써 가며 답신을 주실 필요 없습니다. 그 시간을 병원 알아보는 데 쓰십시오. 당신의 건망증은 나보다 심각합니다.

글 한번 봐 주시겠습니까?

집이 곧 보일러 공사를 한다. 이웃에게 민폐임을 알지만 보일러를 포기하고 겨울을 날 수는 없다. 공동 현관 입구에 붙일 양해의 글을 썼다. 국어 선생님을 만나면 조언을 얻어야지 하며 일단은 챙겨 왔다. 꺼낼까 말까 망설였다. 사서 망신당할 수도 있어. 아니야, 칭찬당할 수도 있어. 두 가지 대립이 내 안에서 싸우다 긍정이 이겼다. 글을 인쇄한 종이를 꺼냈다.

화수목 사흘 공사합니다.

403호 방바닥 보일러 공사입니다.
조심조심 뜯어낸다 해도
조용조용 설치한다 해도
어쩔 수 없이 시끄러울 것입니다.
양해 부탁합니다. 죄송합니다.

선생은 이 짧은 글을 꽤 오래 붙잡고 있었다. 서너 번은 반복해서 읽는 것 같았다. 읽는 시간이 길어지니 괜히 더 초조했다. 선생은 글에서 눈을 떼며 말했다. 다섯 가지 질문을 드리겠습니다. 대답은 글을 쓴 당신이 하십시오.

> 가장 중요한 말을 헤드라인으로 올렸는가.
> 글 쓴 사람의 마음이 느껴지는가.
> 보탤 말이 있는가.
> 뺄 말이 있는가.
> 글자 크기나 행간, 자간은 적당한가.

나는 헤드라인을 '보일러 공사 안내'라고 쓰지 않기를 잘했다고 생각했다. 어떻습니까. 당신의 글이 다섯 가지 질문을 통과했습니까. 글쎄요, 다섯 번째 질문은 자신 없지만 나머지는 얼추 통과하지 않았을까요. 그럼 됐습니다. 공사 시작하시지요.

국어 시험을 잘 보는 방법이 있을까요?

선생님과 나의 대화를 기록한 이 책을 우리처럼 늙수그레한 사람만 보는 건 아닐 것입니다. 학생들도 손에 잡히면 넘겨 볼 텐데 그들에게 도움이 되는 정보도 하나쯤 넣었으면 해서 여쭙니다. 국어 시험을 잘 보는 확실한 방법 같은 것이 있을까요.
선생은 시험이라는 제도 자체를 좋아할 것 같지 않았지만 오히려 그래서 물었다. 그를 시험에 들게 하면 어떤 대답이 나올까 궁금해서. 책을 많이 읽어라, 글을 자꾸 써라, 시험에 자주 나오는 문법은 따로 있다, 같은 뻔한 대답은 하지 않을 거라는 기대를 갖고.

수학 시험을 망치십시오. 영어 시험을 망치십시오. 사회 시험을 망치십시오. 과학 시험을 망치십시오. 네 과목 모두 20점을 받으면 국어 점수 40점은 상대적으로 훌륭한 성적이 됩니다. 인생은 시소 같은 것입니다. 어느 한쪽이 내려가면 다른 한쪽은 올라갑니다. 가장 재미없는 시소는 상승도 하강도 없이 늘 평행을 유지하는 시소. 가까이 다가가서 눌러 보면 삐걱삐걱 고장 난 시소. 고장 나지 않은 시소는 하루 종일 오르락내리락. 고장 나지 않은 인생은 한평생 오르락내리락.

경제력이 하강하면 생활력이 상승하고,
순발력이 하강하면 여유력이 상승하고,

나는 국어를 물었는데 그는 인생을 대답했다. 내 질문이 얼마나 하찮은 질문이었는지 알 수 있었다. 괜히 물었다.

죽는 날까지 잊지 말아야 할 것은?

마지막 질문으로 준비해 간 것을 물었다. 사는 내내, 죽는 그날까지 잊지 말아야 할 것은 무엇인지. 선생은 낚싯대를 거둬들이며 대답했다. 이게 마지막 대화라는 말을 손을 움직여 했다. 잡은 물고기가 없으니 치울 것도 챙길 것도 없었다.

나는 죽는다.

슬픈 말이 아닙니다. 두려운 말도 아닙니다. 누구도 반박할 수 없는, 다른 의견이 있을 수 없는 불변의 진리입니다. 내가 죽는다는 사실을 나에게 자꾸 알리십시오. 죽는다는 사실은 죽는 길이 아니라 사는 길을 안내합니다.
자, 지금 내 머릿속엔 걱정이 가득합니다. 돈 걱정이나 사람 걱정입니다. 걱정에 시달리다 보면 삶이 조급해집니다. 조급한 마음이 나쁜 마음을 불러내기도 합니다. 나쁜 마음은 해서는 안 되는 짓을 하라고 부추깁니다. 그때 이 문장을 떠올리는 겁니다. 나는 죽는다.

죽으면 끝인데. 무(無)인데.

그 순간 웬만한 걱정은 다 하찮은 걱정이 되고 맙니다. 해서는 안 되는 짓을 해야 할 이유도 명분도 조용히 사라집니다. 왜냐면, 우리가 하는 걱정 대부분은 내가 영원히 살 거라는 착각이 저지르는 걱정이기 때문입니다.

욕심.

미련.
허세.

삶이 힘든 이유들입니다. 이들이 인생을 쥐고 흔들 때, 나는 죽는다, 나는 죽는다, 나는 죽는다, 세 번만 혼잣말을 하십시오. 내가 죽는다는 강력한 명제에 눌려 욕심이 죽고 미련이 죽고 허세가 죽습니다. 그들이 죽고 오히려 내가 삽니다. 내가 죽는다는 사실을 죽는 날까지 까먹지 않으면 아등바등도 사라지고 허둥지둥도 사라집니다.

국어선 선생은 섬세한 지혜와 따뜻한 가슴을 함께 지닌 사람이었다. 그는 입을 열지 않고 손을 내밀어 내게 말했다. 오늘 내 옆자리를 찾아 주셔서 고맙습니다. 나도 그의 손을 받으며 손으로 대답했다. 비공인 선생님으로 남아 주셔서 고맙습니다.

9 마지막 질문

영화 〈퍼펙트 데이즈〉 주인공 히라야마가 출근길에 카세트테이프로 듣는 노래는?

〈퍼펙트 데이즈〉는 도쿄 공중화장실 청소부의 하루를 그린 일본 영화다. 지루하기 짝이 없는 영화다. 주인공은 어제 그 시각에 일어나 어제 그 화분에 물을 주고 어제 그 작업복을 입고 어제 그 화장실로 출근한다. 어제 그 공원에서 어제 그 샌드위치로 점심을 하고 어제 그 햇살과 어제 그 나무에 카메라를 갖다 댄다. 집에 돌아오면 어제 그 벽에 작업복을 건다. 잠들면 어제 꿨던 꿈을 이어서 꾼다. 사건도 없고 사고도 없는 하루가 반복된다.

지루한 시나리오 공모전에 출품하면 대상을 받을 스토리다. 물론 미풍에 나뭇잎 흔들리는 정도의 에피소드는 있지만 그것들이 영화를 끌고 가지는 않는다. 그런데도 무료하다, 따분하다는 생각이 들지 않는다. 연출이 좋아서일까. 연기가 좋아서일까. 내가 꿈꾸는 완벽한 하루가 이 영화가 보여 주는 헐렁한 하루와 많이 닮아서가 아닐까.

서론이 길었다. 나는 노래를 물었다. 주인공 히라야마가 출근길 차 안에서 카세트테이프로 듣는 노래. 영화 중반부 선술집 여주인이 기타 반주에 맞춰 다시 부르는 그 노래.

영화 봤어?
영화 주인공이 듣는 노래 알아?

같은 질문이 아니다. 첫 번째 질문은 아니, 라는 대답이 나오면 대화가 더 이어지지 않는다. 그런 영화 지루해서 싫어, 라는 말로 대화가 끝날 수도 있겠지. 그러나 두 번째 질문은 질문의 각도가 다르다. 영화를 봤는지 묻지 않고도 영화를 봤는지 묻고 있다. 봤어 또는 안 봤어, 같은 단답으로 대화가 끝나지 않는다.

영화에 관심이 없는 사람도 음악엔 관심이 있을 수 있다. 그 노래가 영국 밴드 애니멀스의 〈The House of the Rising Sun(해 뜨는 집)〉이라고 알려 주면 평평한 대화가 올록볼록 풍성해질 수도 있다. 1970년대 백판(해적판)이나 금지곡 이야기로 대화가 번질 수도 있다.

도쿄 가 봤어?
도쿄 공중화장실 가 봤어?

하나는 익숙한 질문이고 하나는 낯선 질문이다. 하나는 무딘 질문이고 하나는 날 선 질문이다. 하나는 기억이 하는 질문이고 하나는 추억이 하는 질문이다. 하나는 대답을 조르는 질문이고 하나는 다음 이야기가 듣고 싶어지는 질문이다. 어떤 질문을 받고 싶은가. 그런 질문을 하고 있는가.

좋은 질문은 대답을 넘어 대화를 낳는다.

후문(後問)

나,

계속 글을 써도 될까?

누가 묻는다. 너의 글은 누구의 영향을 받았니? 나의 대답은 그때그때 바뀌지만 흔들리지 않는 이름도 하나 있다. 바로 정태춘이다. 나는 어릴 적부터 그가 던져 준 문장을 받아먹으며 자랐고 그것들은 지금 내 식성을 만들었다. 그의 노랫말은 문학 수업 한 번 받아 본 적 없는 내 허기를 달래기에 충분했다. 넘쳤다. 나는 그를 가수라는 영역에 가두는 걸 아쉬워했다. 미안해했다. 그는 노래하는 사람이 아니라 이야기하는 사람이다. 가수가 아니라 작가다.

얼마 전 정태춘 공연을 갔다. 〈나의 시, 나의 노래〉라는 타이틀이 붙은 공연이었다. 나는 자리에 앉자마자 내게 명령했다. 오늘은 노래를 듣지 마. 노랫말을 들어. 나는 내 명령에 복종했다. 두 시간 반 가까이 그의 말을 들었다. 그의 이야기를 들었다. 그의 문학을 들었다. 수십 번, 수백 번 들었던 노래도 가사에 집착해 다시 들으니 내가 아는 그 노래가 아니었다. 처음 듣는 노래였다.

그는 노래했다. 아니, 말했다. 아니, 질문했다. 나, 다시 노래를 만들어도 될까? 내가 새로운 언어로 새로운 이야기를 한다면 넌 들어 줄 수 있어? 한 노작가의 질문은 슬펐지만 아름다웠다. 내가 요즘 만지작거리는 질문과 같았다. 과장을 약간 섞는다면, 나는 엉엉 울면서 그러세요! 그러세요! 그래 주세요! 라고 대답했다.

늘 고만고만한 글을 써 온 내겐 이 책이 새로운 시도이자 도전이다. 소설 형식을 차용한 에세이. 글 하나하나가 분절되지 않고 이어달리기를 하는 에세이. 나는 정태춘이 한 질문과 같은 질문을 이 책으로 하기로 했다. 세상에 묻는다. 나, 계속 글을 써도 될까? 내가 새로운 언어로 새로운 이야기를 한다면 넌 들어 줄 수 있어?

세상이 그러세요! 라고 대답한다면 나는 또 다른 시도를 하고 싶다. 발자국 하나 없는 하얀 길을 총총 걷고 싶다. 지금 내 머릿속에서 왔다 갔다 하는 생각은 스릴러 에세이다. 긴장이 이어달리기를 하는 에세이. 과연 그런 글이, 그런 책이 가능할까. 물론 나도 모른다. 아직은.

그림 김파카
대학에서 디자인을 전공하고 인테리어 디자이너로 5년간 일했다. 이후 독립을 꿈꾸며 식물을 팔다가 책의 세계에 빠졌다. 현재는 일러스트레이터로 글과 그림을 꾸준히 기록하고 있다. 지은 책으로는 아침그림모음집 《EARLY BIRD》, 《청주에 다녀왔습니다: 외곽 편》, 《집 나간 의욕을 찾습니다》, 《내 방의 작은 식물은 언제나 나보다 큽니다》 등이 있다.

사람의 생각법

2025년 07월 28일 초판 01쇄 발행
2025년 09월 01일 초판 02쇄 발행

글 정철
그림 김파카

발행인 이규상 편집인 임현숙
편집장 김은영 책임편집 정윤정
콘텐츠사업팀 강정민 정윤정 오희라 윤선애
디자인팀 최희민 두형주
채널 및 제작 관리 이순복 회계팀 김하나

펴낸곳 (주)백도씨
출판등록 제2012-000170호(2007년 6월 22일)
주소 03044 서울시 종로구 효자로7길 23, 3층(통의동 7-33)
전화 02 3443 0311(편집) 02 3012 0117(마케팅) 팩스 02 3012 3010
이메일 book@100doci.com(편집·원고 투고) valva@100doci.com(유통·사업 제휴)
블로그 blog.naver.com/100doci_ 인스타그램 @blackfish_book X @BlackfishBook

ISBN 978-89-6833-508-2 03800
ⓒ 정철, 2025, Printed in Korea

블랙피쉬는 (주)백도씨의 출판 브랜드입니다.
이 책은 저작권법에 따라 보호받는 저작물이므로 무단 전재와 복제를 금지하며,
이 책 내용의 전부 또는 일부를 이용하려면 반드시 저작권자와 (주)백도씨의 서면 동의를 받아야 합니다.

* 잘못된 책은 구입하신 곳에서 바꿔드립니다.